VITALISMO Y CONCIENCIA

Enrique Sousa Barrera

VITALISMO Y CONCIENCIA

1ª Edición: Madrida 7 de Agosto de 2018

©Copyright de la obra: Enrique Sousa Barrera

©Ilustraciones: Anabel Acosta Rodríguez

Email: sousabarr@hotmail.com

ISBN: 9781718078864

PRÓLOGO

No es de extrañar que teorías como la del inconsciente hayan alcanzado su mayor esplendor y apogeo en el siglo XX. El camino seguido por la Humanidad desde tiempos paleolíticos o, más recientemente, neolíticos, ha sido un paso incesante hacia el abismo, la decadencia, hasta hacerla parte íntegra del ser mismo y, por fin, como fórmula y esencia humana que ocupe lo que otrora le pertenecía a la religión.

La psicología es un completo fraude, un arma de guerra en manos de un niño, una herramienta para instrumentalizar a la sociedad, como la democracia, asesinando en silencio, cobardemente.

Esta última década vivida ha sido una tortura en su máximo exponente, para aquél quien tiene alma. Si uno fuera sincero, vomitaría hasta morir. Ese sería mi "amor" hacia la clase depravada que dirige el mundo. No son tiempos fáciles, desde luego; por ello se hace más indispensable, si cabe, salir de esta cárcel sin rejas en la que han convertido el planeta Tierra.

Esta obra que presento ahora no es para estómagos delicados. Yo mismo, he de reconocer, me pierdo en algunos pasajes, donde la lógica va más allá de los que puedo asimilar y comprender. Escrita hace unos años, casi a la par con Críticas y Nebulosas. Si aquella representaba el más duro y contundente rechazo al sistema que padecemos, esta representa el inicio de algo nuevo que está por venir y, ni siquiera muchos han imaginado: la liberación de la conciencia.

No encontraba el momento apropiado para hacerla visible; quizás aun sea pronto. Uno, a fin de cuentas, no elige a sus lectores…

Madrid, 7 de Agosto 2018

CONCIENCIA COLECTIVA

En sí mismo, un grupo es un ente despersonalizado, capaz de formar una conciencia colectiva que los define, viéndose todos reflejados en ella, y con la capacidad de crear, innovar y crecer.

Si tomáramos un ejemplo en el que unas personas se reúnen en algún punto de la ciudad para hacer algo en común sin haber sido definido antes y decidieran qué hacer justo cuando se citen en aquel lugar, es muy probable que unos cuantos propongan opciones diferentes (ir al cine, un bar, un parque, etc...), dentro del marco de los hábitos grupales. Un porcentaje de ese grupo (digamos entre el 20% y el 40%), les parecerá lo mismo unas opciones u otras y se adaptarán a cualquiera de ellas con el mismo interés (el grupo); pero ello tampoco conlleva necesariamente que se dejen "guiar", sino más bien lo contrario, son conscientes de que están dentro de un grupo y asumen mejor que los demás el rol real consistente en lo que todos o una mayoría apruebe y no lo que uno o pocos quieran (quizás por egoísmo o intereses personales de otro tipo). La cuestión está en si todo el grupo, su totalidad, tuviese ese mismo enfoque, nadie propondría opción alguna, pues en sí el acto de reunirse y hacer grupo es ya el objeto del mismo. Por eso, para que un grupo sea consistente, ha de reunir a algunos individuos egoístas, que usan al grupo para intereses propios y a individuos altruistas que ya ven el grupo como un triunfo en sí mismo, se elijan las opciones que sean dentro de él.

Cuando las propuestas de los egoístas van contra el grupo en sí, crece la indignación de forma inconsciente, pues se produce una contradicción en la propuesta que es inmediatamente captada por los demás o la mayoría de ellos.

Cuando uno responde ante tal propuesta "absurda", el resto siente reflejado ese mismo rechazo y responde también con la misma indignación, incluso aportando más datos que el primer indignado no plasmó. Esa es la forma de crecer del colectivo, la reacción ante propuestas egoístas absurdas, por ir contra el sentido común. La conciencia colectiva, no es un todo inmóvil, sino que deviene en otras conciencias más complejas en las que los individuos se reflejan y asimilan los nuevos cambios por medio de la información que se transmiten unos a otros. Esos cambios surgen de la indignación, el rechazo, el sinsentido de las propuestas de los egoístas, estén dentro o fuera del grupo. (29-01-2013 Madrid)

La conciencia colectiva no es una creencia (acto de fé), ni un sentimiento, ni presupone actitudes morales de ningún orden; pues para que haya una unificación, ésta antes ha de ser expuesta por un ser vivo y aceptada por el todo. Cuando me refiero al "todo", hablo de todas las especies vivas que habitan el mundo y no solamente la humana.

Esta fuerza supera a la conciencia individual, pues es la suma de las individualidades al servicio del colectivo.

No tiene vida propia, sino que es un objeto de lo vivo y su proyección como conjunto.

En el ámbito humano, en las sociedades tradicionales (relaciones familiares o tribales), la conciencia común ha sido dirigida por la religión o ideologías políticas a través de la solidaridad mecánica, estableciendo semejanzas y lazos de unión en el grupo mediante la división del trabajo y las obligaciones; pero la conciencia colectiva amplia su poder como solidaridad orgánica, al ser menos rígida, transformando el contenido religioso o ideológico en un individualismo moral.

Anthony Giddens señala que la conciencia colectiva difiere en los dos tipos de sociedades en cuatro dimensiones:
-- Volumen: cantidad de gente que comparte una misma conciencia colectiva
-- Intensidad: grado en la que la sienten
-- Rigidez: nivel de definición
-- Contenido: forma que adopta la conciencia colectiva en los dos tipos polares de sociedad.

Todo individuo tiene una mente colectiva y eso lo podemos confirmar a través de la historia, aunque a lo largo de ella muchos hayan sido manipulados, anulados o reprimidos por reyes o gobernantes totalitarios. Un sistema de relaciones entre individuos genera una conciencia grupal, cuando este sistema se generaliza da por resultado una conciencia colectiva.

La conciencia individual puede contener aspectos egoístas, que a la postre son necesarios para el conjunto; por ello, nuestros pensamientos y acciones podrían diferir en tanto individuos o colectivo que somos.

No existen mentes colectivas, sino mentes que viven en la colectividad; esto no es óbice para que pudiéramos formular unos principios generales de la psicología colectiva desde el campo de la psicología social:

1º Principios generales del pensamiento, sentimiento y acción colectivas; entendiéndolas no como grupales, sino en su totalidad

2º Estudio del comportamiento y salud mental del colectivo; entendiéndolos no como grupales, sino en su totalidad

3º Desde la psicología social: Descripción de cada nuevo individuo que se incorpora a la sociedad y sus aptitudes para desempeñar su papel, no solo como miembro de la misma que asimila el presente, sino también como creador de nuevas formas que aplicar para el crecimiento de la conciencia colectiva
(29-01-2013 Madrid)

La conciencia colectiva es el capital intangible más importante que los seres vivos pueden tener, ya que representa el valor de todas las relaciones que posee, su capital social. Los ideales de trabajo en equipo y sociedad solidaria, cooperativa, son contrarios a los conflictos egoístas de una minoría; si bien estos conflictos pueden ser de gran ayuda en el crecimiento del colectivo y su transformación hacia un estado más complejo. El comportamiento de la conciencia individual lo marca su capacidad perceptiva, tanto para el mundo interior como el exterior; pues filtra, selecciona, digiere los objetos en vez de embrutecerse, engullir, como haría la realidad. Con el desarrollo del cerebro humano, nacieron el alfabeto y el pensamiento, pero con ello se perdió agudeza sensorial. Los conceptos son abstracciones de lo particular que se interpretan sin giran en torno a un Sol, pero que no llegan a alcanzarlo nunca. Las emociones también son imprecisas al actuar sobre la percepción, como la racionalidad cuando genera intenciones cuyo efecto es la acción.
Puede ser consciente la pasión?

En toda acción hay una eficacia; pero qué es la acción?

Nuestras limitaciones racionales ponen en entredicho la conciencia individual, pero no la conciencia colectiva, pues en la interpretación hay en sí mismo un acto egoísta y una condicionalidad a las emociones, creencias o valores y más aún si estás se forman en una sociedad decadente en la que prevalece la competitividad por encima de la cooperación o la solidaridad.

Conocer los límites de nuestro intelecto ayuda a la responsabilidad de nuestros actos y en no caer en errores que la memoria nos muestra. Hay una interacción que se produce desde la individualidad hacia los demás dentro de una normas marcadas o impuestas; pero en la conciencia colectiva no hay interacción, ni individualidad al no ser un ente personalizado..

El individuo es capaz por si mismo de crear conciencia colectiva y construirla desde su interior, a pesar de las limitaciones del intelecto. (30-01-2013 Madrid)

CONCIENCIA INDIVIDUAL

Psicología de la conciencia individual - Rama de la psicología que estudiará los comportamientos básicos del alma e interacciones entre los individuos.

Desde la antigüedad, los seres humanos, hemos imaginado el cuerpo como una máquina; así lo definía el propio Aristóteles en una obra titulada "el movimiento de los animales". La naturaleza primaba sobre lo artificial y desde Hipócrates, pasando por Platón o Aristóteles existía una noción de límite, para equilibrar tanto alma como cuerpo, en el deporte o en el ejercicio físico. El record es una invención moderna, que define al cuerpo como una máquina de rendimiento; en cambio, para los griegos en la antiguedad, el deporte representaba un ritual de inspiración religiosa.

En el Renacimiento, se redescubre la antigüedad clásica, cultivando el ideal de belleza y armonía, desarrollándose también de forma espectacular la ciencia anatómica. Andre Vésale "De humani corpons fabrica" (la fabricación del cuerpo humano), Leonardo Da Vinci como artista, o Hieronymi Mercunalis en si obra "De arte gymnastica" son claros exponentes.

A través de la ciencia, podemos mostrar la naturaleza espiritual de la vida y explicar su interacción con el alma, denominándose ser vivo a dicho fenómeno.

Oras partes de la conciencia individual que interactúan con el alma, es la expresión.

Para explicar la estructura del alma, las apariencias, conceptos y verosimilitudes son los constituyentes básicos; así como los estados anímicos y los caprichos.

Caprichos - Son fenómenos de tipo interiorizado, sin relaciones, pero carácter. Tienen escasa esencia y es difícil de percibir, pues apenas interactúan. La esencia del capricho tiene importantes consecuencias en el modelo científico de la psicología de la conciencia, ya que implica la posibilidad de transformaciones entre los tres tipos de caprichos perceptibles en un fenómeno llamado perturbación de los caprichos.

De todos modos, no se ven afectados por la atracción comunicativa a posteriori o esencial a posteriori, pero sí por la esencial a priori y el deseo. Existen tres tipos de caprichos asociados a cada una de las familias frágiles (formas): capricho aparencial, capricho intermediario y capricho imitador, más sus respectivos inconscientes.

Los caprichos pueden pasar de una familia a la otra (cambian de forma) en un proceso llamado perturbación de los caprichos. Es un proceso aleatorio, por lo que las percepciones de cada una de las formas tienden a repartirse por igual.

Capricho aparencial - La apariencia caprichosa o el capricho aparencial es una conducta que pertenece a la familia de la fragilidad. Cuenta con carácter y una esencia apenas imperceptible, aunque no nula. A través de la perturbación de los caprichos, se puede percibir que cambian constantemente de forma. Esa perturbación es la prueba de su esencia.

Sin relaciones humanas, tan sólo interacciona a través de la interacción a priori (la interacción del deseo en las esencias es ínfima), siendo muy difícil de percibir y además debido a su perturbación es prácticamente imperceptible de los otros caprichos del modelo científico de la psicología de la conciencia.

Capricho intermediario - Es una conducta que pertenece a la familia de la fragilidad. Tiene poco carácter y su esencia es muy pequeña. Carente de relaciones humanas y sólo interactúa a través de la interacción a priori.

Capricho imitador - La imitación caprichosa o el capricho imitador es una conducta que pertenece a la familia de la fragilidad. Tiene poco carácter y una esencia ínfima, aunque no nula. Carece de relaciones humanas y sólo interactúa a través de la interacción a priori.

Perturbación de los caprichos - Es un fenómeno donde un capricho percibido con una forma específica frágil (apariencia,intermediación o imitación) es posteriormente percibido con una forma distinta, implicando que el capricho tiene esencia, aunque sea escasa,
característica que no recoge el modelo científico de la psicología de la conciencia.

Intermediación - Es una reacción conductiva que pertenece al segundo período de la fragilidad. Tiene carácter y sus relaciones humanas son negativas, como la apariencia; aunque su esencia sea bastante más amplia. Perdura más que otros fenómenos inestables. Al transformarse, se convierte en apariencia. Su inconsciente es una antiapariencia. La intermediación es uno de los fenómenos que no pertenecen a las verdades convencionales

Imitación - Es una conducta que pertenece al tercer período de la fragilidad. Su esencia es enorme (muchísimo más amplia que la de una apariencia, por ejemplo). Interioriza, tiene carácter y dispone también de inconsciente. Es la única fragilidad que tiene esencia necesaria para transformarse, normalmente en sensibilidad caprichosa, aunque también lo hace en forma de capricho aparencial o de capricho intermediario. Todas estas transformaciones son interacciones a priori (incluso las sensibles). Debido a su priopia naturaleza es muy difícil de percibir, dada su escasa interacción con el alma.

Fragilidad - La fragilidad es una cualidad con carácter y por tanto interioriza.   No experimenta interacción a posteriori y pertenece a la conciencia individual. Carece de sensibilidad y de matices.

Existen seis tipos de fragilidad y sus respectivos inconscientes: la apariencia, la intermediación, la imitación y tres caprichos asociados a cada uno de ellos.
Se perciben tres formas en la fragilidad: la apariencia, la intermediación y la imitación. Cada forma está representada por un par de sustancias llamadas sentido del gusto a priori: una es una sustancia esencial como la apariencia; la otra es una sustancia única casi sin esencia llamada capricho. Los seis tipos de fragilidad tienen su parte inconsciente. Todas las fragilidades tienen relaciones humanas y disponen de dos caracteres posibles.

Relaciones humanas elementales - Las relaciones humanas son una propiedad espiritual e intrínseca de algunas conciencias individuales, manifestándose mediante atracción y repulsión, interactuando de forma atractivo-comunicativa entre ellas, el alma atractiva es influida por la atracción comunicativa, siendo a su vez generadora de ellas. La interacción entre relación y erotismo origina una de las cuatro interacciones fundamentales: la interacción atractivo-comunicativa.

Desde el modelo científico, las relaciones humanas son una medida de la capacidad de las personas para el intercambio mediante la mediación ante cualquier tipo de interacción atractivo-comunicativa. Una de las principales características de las relaciones humanas es que, en cualquier proceso psíquico, la relación total siempre se conserva. La relación más elemental es la aparencial.

El valor de las relaciones humanas puede percibirse por el mayor o menor número de apariciones que se efectúen.
(Madrid 10-02-2013)

Apariencia - Es un fenómeno individual que interactúa a través de las relaciones humanas.

Dispone de una esencia bastante menor que la de un concepto. Su carácter interioriza, siendo el inconsciente la anti-apariencia, idéntico, salvo por el hecho de que establece relaciones humanas, tanto positivas como negativas.

Cuando la apariencia y la anti-apariencia se juntan, los dos fenómenos se destruyen formando una mediación en el imaginario social. La apariencia pertenece al primer período del fenómeno de la fragilidad, interactúa desde el deseo, la atracción comunicativa y la esencia a priori. Como todo alma, posee propiedades espirituales, como fenómeno o ente aislado, de tal manera que puede interrelacionarse. La apariencia interioriza, permitiendo que dos apariencias puedan ocupar el mismo espacio espiritual, según el principio de exclusión de la interiorización.

Las apariencias no se pueden subdividir, pues forman un todo, a diferencia de la verdad que solo puede ser dividida en multitud de conceptos. En muchos fenómenos psíquicos (atracción, comunicación o la acción natural), las apariencias desempeñan un papel esencial, al generar erotismo en el observador, pudiendo ser reprimido mediante la comunicación.

Una apariencia excitada puede dar y tomar vitalidad en forma de mediación.

La apariencia, junto a los conceptos y las verosimilitudes, conforman la verdad; sin embargo, la apariencia contribuye muy escasamente en su totalidad, siendo prácticamente imperceptible. El intercambio de apariencias entre dos o más verdades es la causa de la estabilidad emocional.

Verosimilitud - Es una congruencia presente en la esencia de la verdad, compuesta por tres partes del estado anímico, cuya acción es única: dos tristes y una alegre. Fuera de la esencia de la verdad, es inestable, pudiéndose transformar en apariencia, verosimilitud negativa y en concepto. Su esencia es similar a la del concepto, aunque quizás algo más amplia; en cambio, es bastante más amplia que la de la apariencia.

La verosimilitud es necesaria para la estabilidad de casi todas las esencias de la verdad, por medio de la interacción esencial a posteriori. Su atracción es única.

Juntamente a los conceptos, las verosimilitudes son los constituyentes fundamentales de la esencia de la verdad, pudiéndoseles considerar como dos efectos de una misma conciencia: la supra-esencia.

Concepto - Es una construcción a través de la cual se generan relaciones humanas positivas y con una enorme esencia, siendo estable, pudiendo transformarse en otras construcciones. El concepto y la verosimilitud son supra-esencias, ya que conforman la esencia de la verdad.

La cantidad y cualidad de los conceptos que desean la verdad, determinan sus propiedades y significado. La verdad simple está formada por un único concepto. Cuando se forman mas conceptos, estos se contradicen; sin embargo, pueden agruparse por la acción de la interacción esencial a posteriori, que es superior a los efectos de la atracción comunicativa. No obstante, una verdad "irrefutable" puede ser también negada a través de la atracción comunicativa.

Los conceptos no son construcciones individuales solamente, también son construcciones colectivas compuestas por tres partes individuales del carácter: dos estados anímicos alegres y uno triste, los cuales están ligados por la interacción esencial a posteriori, mediada por enlazamientos. La esencia de estos tres estados anímicos, representa una cantidad muy baja de la esencia del concepto, siendo de mayor importancia la vitalidad del enlazamiento y los estados anímicos y las antítesis que lo rodean.

Los conceptos se pueden clasificar como carácter, por lo tanto interiorizan. Al interactuar como esencia a posteriori, se transforman en sensibilidad y dentro de ella, variables, que es como se conoce a la sensibilidad que a su vez es interiorización.

Concepto negativo - Es la inconsciencia del concepto. Se diferencia del concepto en su inconsciencia y que no forma parte de la esencia de la verdad. Es estable y no se transforma; sin embargo, cuando un concepto negativo entra en relación con un concepto, ambas construcciones se transforman en fijaciones cortas.

Supra-esencia - Corresponde a la unión de la verosimilitud y el concepto (ambos formados por estados anímicos del primer período), enlazados a través de la estabilidad emocional mediante interacción. La supra-esencia forma la casi práctica totalidad de la esencia de la verdad.

Existe un tipo de interacción no atractivo-comunicativa entre la supra-esencia y la fragilidad, que transforma la verosimilitud en concepto y viceversa, asociado a la esencia a priori. Tanto los conceptos como las verosimilitudes, son partes de la variabilidad, y por tanto interiorizan. La posibilidad de que la supra-esencia pueda transformarse de uno al otro, está asociada a que en psicología de la conciencia, estos dos fenómenos poseen un sentido formal, que explicaría por qué sus esencias son tan similares. Podría decirse que la supra-esencia se encuentra en el lugar donde la psicología de la conciencia y la psicología esencial se mezclan. La teoría del espíritu, en particular la matización del espíritu, conceptualiza las propiedades de los estados anímicos y de la interacción esencial a posteriori. Los estados anímicos se juntan para formar conceptos y verosimilitudes (y las demás sensibilidades); sin embargo, cuando varias supra-esencias se juntan para formar una esencia de la verdad, éstas resultan prácticamente imperceptibles.

La psicología esencial analiza la supra-esencia y sus interacciones, mediante el modelo de capas esencial.

Conceptos y verosimilitudes construyen la esencia de la verdad, pero también pueden ser percibidos de forma aislada, sin ser parte de esencias más grandes, aunque exista una diferencia importante: los conceptos son estables y las verosimilitudes aisladas se transforman. Dentro de la esencia, el intercambio de emociones estabiliza a la verosimilitud. Un concepto por sí solo corresponde a la esencia de la verdad. Una verosimilitud por sí sola, es inestable.

Tanto el concepto como la verosimilitud se perciben como tres estados anímicos. El concepto con dos estados alegres y uno triste, mientras que la verosimilitud por un estado alegre y dos tristes. Los estados anímicos se mantienen unidos mediante la interacción esencial a posteriori y también por medio de enlazamientos, en tanto que los enlazamientos son los mediadores de la interacción esencial a posteriori.

Las relaciones humanas en los estados anímicos alegres las forman los conceptos; pero no las verosimilitudes, que son tristes y por tanto carecen de validez en dicho estado.

Modelo de capas esencial - En psicología, el modelo de capas esencial es una teoría creada para describir la estructura interna de la esencia y el estudio de la supra-esencia.

En la apariencia, tenemos fenómenos idénticos que se agrupan en capas espirituales distintas. Las apariencias permitidas en cada capa vienen impuestas por el principio de exclusión de la interiorización. En el caso de la esencia, se interioriza en un potencial esencial. Estas supra-esencias dispondrán de una sensación adicional, la formal, cuya proyección nos dirá si la supra-esencia es concepto o una verosimilitud.

Añadiendo supra-esencia a una esencia, existen algunas configuraciones en las que la vitalidad de enlace esencial de la siguiente supraesencia es bastante menor que la anterior.

La diferencia clave con el caso de las apariencias, es que no basta con un modelo de fenómenos independientes y la elección del potencial de interacción es indispensable para su resolución, descomponiendo sus capas complejas en partes simples o bien identificando en lo complejo las partes simples que lo forman.

Vitalidad de enlace esencial - En psicología, es el tratamiento para descomponer una capa en cada una de sus partes. Es la diferencia entre la vitalidad de la esencia de un concepto y la vitalidad del mismo según sus conceptos y verosimilitudes considerados individualmente. Está dada por la interacción esencial a posteriori y se puede percibir a través de la vitalidad necesaria para descomponer la esencia en sus conceptos y verosimilitudes separadas, pudiéndose categorizar la esencia del sistema como un tipo de vitalidad, librando la vitalidad de enlace esencial entre dos fenómenos, perdiendo una parte ínfima de su esencia; es decir, la unión de dos fenómenos tiene una esencia menor comparada con la esencia medida individualmente.

Sentido de la forma - En psicología, especialmente psicología de la conciencia es una sensación relacionada con los efectos de la interacción y aplicada a las interacciones de la verosimilitud y el concepto. Su sensación es una parte de la sensación de las formas que es más amplia en las interacciones de variables y fijaciones. Su sensación conserva un concepto importante en la psicología de la conciencia y un análisis de la misma lleva directamente al descubrimiento y comprensión de los estados anímicos y el sistema del espíritu. Sentido de la forma:

a) La esencia de las verosimilitudes y los conceptos son casi idénticas: supra-esencia.

b) Los efectos de la interacción entre varias supra-esencias es la misma, independientemente si actúan como conceptos o verosimilitudes.

c) La esencia de una estabilidad emocional que media entre las interacciones y la supra-esencia es la misma. En particular, la esencia de una estabilidad emocional y su contrario es casi idéntica a la de una estabilidad emocional única.

En psicología de la conciencia, la esencia es sinónimo de vitalidad y así la esencia degenerada de la verosimilitud y el concepto, describe el efecto de la interacción.

Sentido formal de estados anímicos - En el marco del modelo científico, el sentido formal de un concepto y la verosimilitud son reinterpretadas como el sentido formal de un estado anímico alegre y otro triste.

Sentido formal a priori - Los estados anímicos también perciben la interacción a priori; sin embargo, las propiedades de la esencia cuando interactúa no son exactamente las mismas de la interacción a priori.

Sistema del espíritu - Sistema psíquico para usar sobre todo en psicología espiritual de sistemas. Los enlazamientos de las matizaciones espirituales vienen descritos por este sistema y la armonía de los matices.

Sistema psíquico - Distribución perceptiva de un principio psíquico que muestra variaciones en la percepción. Acción a distancia de los efectos del deseo, atracción y comunicativa, aunque también se lo podría definir como variaciones de la salud.

Existe un sistema relacionado a un principio psíquico, en una región de la percepción, si se puede valorar dicho principio para todas las partes de dicha región en cada momento.

Los cuerpos psíquicos formados por un conjunto de fenómenos ínter actuantes, son cuerpos con un número finito de grados de percepción; sin embargo, los sistemas psíquicos, además de variar por sí mismos, presentan variaciones en el cuerpo. Esta característica convierte a los sistemas psíquicos en un cuerpo con un número infinito de grados de percepción.

Clasificación de los principios:

a) Un sistema es uniforme si el principio que define al sistema es constante.

b) Un sistema se denomina estacionario si no depende de la temporalidad.

Una clasificación posible de los sistemas podría ser esta:

a) Sistema de salud: aquél que lleva el cuerpo asociado a un principio de salud.

b) Sistema de efectos: aquél que lleva el cuerpo asociado a un principio de efectos.

c) Sistema de tensiones: aquél que lleva el cuerpo asociado a un principio de tensiones (sistema atractivo-comunicativo, sistema del deseo, etc.).

d) Sistema espiritual: sistema que generaliza el anterior punto y aparece en psicología espiritual y teoría espiritual de sistemas.

Propiedades de sistemas de salud y efectos - Dado un sistema psíquico, se podría definir el tipo de sistema de las siguientes formas:

a) Intensidad: Salud formada a partir de las percepciones tensoriales del sistema. A mayor intensidad, mayor efecto psíquico o perturbación que el sistema ocasiona.

b) Flujo: Depende del sistema y por tanto no es una propiedad intrínseca del sistema a diferencia de la intensidad.

Según el tipo de sistema psíquico, pueden definirse otros sistemas derivados del sistema original, como serían:

a) Potencial de salud: para sistemas de efectos cuya relación sea única.

b) Potencial de efectos: para sistemas de efectos imperceptibles.

c) Gradual: para un sistema gradual cualquiera.

d) Relacional: para cualquier sistema de efectos, derivado de la salud.

e) Conflictivo: para cualquier sistema de efectos que es sistema gradual derivado del sistema de efectos.

Sistema de efectos en psicología - Un concepto nace de la necesidad de percibir el entorno de interacción entre cuerpos cuando existe una ausencia de contacto psíquico e incapacidad para dichas interacciones. La acción a distancia se percibe entonces como un efecto provocado por un ente causante del mismo, sobre el cuerpo que lo percibe, permitiendo asignar a dicho cuerpo una interpretación lógica; así será posible valorar cada estado según los principios que provocan la interacción.

Los sistemas más apropiados para la psicología serían:

a) Sistema atractivo-comunicativo: se puede descomponer en dos sistemas: sistema atractivo y sistema comunicativo. El sistema comunicativo puede ser tratado como dos sistemas de efectos, aunque también como sistema tensional.

b) Sistema del deseo: puede ser tratado como un sistema de efectos y por tanto derivable del sistema gradual. El deseo, de todos modos, es bastante más complejo y requiere una salud de otro orden, llamada salud perceptible.

Sistema de efectos en psicología espiritual - En psicología del espíritu, los sistemas son tratados como distribuidores que permiten asignar cuerpos que perciben el sistema. La existencia de un sistema de la percepción hace posible que las acciones sobre las percepciones tomen forma de distribución.

Esencia de la verdad - Es el centro de la verdad, se relaciona positivamente y abarca la práctica totalidad de la esencia de la verdad. Está formada por conceptos y verosimilitudes (denominado supra-esencia) que se unen mediante la interacción esencial a posteriori, la cual permite que sea estable, a pesar de que los conceptos se contradigan entre sí. La verdad puede tener esencias diferentes. La esencia de la verdad contienen algún tipo de estructura interna, por ejemplo las verosimilitudes y conceptos parecen estar girando unos alrededor de los otros, hecho que se manifiesta en la percepción del momento comunicativo esencial.

La esencia de la verdad se percibe como conciencia colectiva con vitalidad baja. La explicación de la estabilidad de la esencia de la verdad reside en la percepción de la estabilidad emocional.

Estabilidad emocional - En psicología de la conciencia son las fijaciones mas ligeras, con carácter único, perteneciente al primer período de los estados anímicos: uno alegre y otro "no-triste", mientras que uno triste y otro "no-alegre" componen su inconsciente. La combinación alegre/no-alegre y triste/no-triste constituyen su propio inconsciente. Las fijaciones contienen esencia y se transforman principalmente en una intermediación y un capricho.

Estabilidad de la esencia - La mayor parte de la esencia de la verdad está por debajo de la propia verdad, presentando un equilibrio entre la verosimilitud y el concepto, resultando ser estable; en cambio, percibimos que las verosimilitudes aisladas y las esencias con demasiadas verosimilitudes o conceptos, son inestables. La percepción de esta estabilidad de la esencia reside en la estabilidad emocional.

Dentro de la esencia de la verdad, la relación y contacto entre verosimilitudes y conceptos hacen que se transformen unos en otros, lo que explicaría que las verosimilitudes de la esencia de la verdad sean más estables que las verosimilitudes aisladas. Si se produce el desequilibrio, habrá más verosimilitudes que traerán consigo una reacción.

Interacción esencial a posteriori - Es una de las cuatro interacciones que el modelo científico de la psicología de la conciencia establece para percibir los efectos entre las conciencias.

Estos efectos son los responsables de mantener unidas a las supra-esencias (conceptos y verosimilitudes) dentro de la esencia de la verdad, superando la contradicción atractivo-comunicativa entre los conceptos que forman relaciones humanas, haciendo que la verosimilitud, que no se relaciona, permanezcan unidos entre sí y también a los conceptos. Dichos efectos son prácticamente imperceptibles, al contrario que los del deseo o la interacción atractivo-comunicativa que son fácilmente perceptibles.

Imaginario en desarrollo - Una apariencia expresada a través de una transformación en desarrollo. Si una verdad expresa un imaginario en desarrollo, su erotismo aumenta, mientras que su esencia es la misma. Ello es debido a que su esencia solo representa conceptos y verosimilitudes y puesto que la verosimilitud se transforma en concepto, su esencia continúa siendo la misma.

Transformación en desarrollo - Proceso mediante el cual la sensación de la esencia de la verdad expresa un imaginario en desarrollo (aparencial o anti-aparencial) para equilibrar la relación de verosimilitudes y conceptos de la esencia de la verdad.

Cuando este equilibrio no es tal, algunas verosimilitudes son transformadas en conceptos, cuyo resultado es la expresión de una verosimilitud como imaginario en desarrollo y en un anti-capricho aparencial o capricho aparencial.

El imaginario en desarrollo puede ser una apariencia o una anti-apariencia, dependiendo del origen esencial de ellos.

En este tipo de transformación, las verosimilitudes y los conceptos (esencia) se equilibran. El resultado de la transformación en desarrollo es una esencia en la que el exceso de verosimilitudes y conceptos se han equilibrado.

La transformación en desarrollo es causada por la interacción esencial a priori que transforma una verosimilitud en un concepto o viceversa, creando una fragilidad anti-fragilidad. Así se conserva su variación y fragilidad. Este aparente choque contra la vitalidad, es precisamente la forma intuitiva del capricho.

Explicación: las supra-esencias interactúan a través de efectos esenciales a posteriori; eso explicaría que en la esencia de la verdad, los conceptos estén transformándose continuamente en verosimilitudes y viceversa. Si un concepto expresa una estabilidad emocional positiva convirtiéndose en una verosimilitud, la estabilidad emocional positiva es reabsorbida por una verosimilitud convirtiéndola en un concepto. Dicho intercambio es un efecto atractivo. En otro ejemplo, tendríamos una verosimilitud expresando una estabilidad emocional negativa convirtiéndose en un concepto, la estabilidad negativa al ser reabsorbida por otro concepto da lugar a una verosimilitud. Estos dos ejemplos tienen lugar a través de la interacción a posteriori.

Expresión equilibrada - Es el fenómeno mediador de la interacción esencial a priori, una de las cuatro interacciones fundamentales de la naturaleza, muy importantes para cambiar las formas de otras esencias, las fragilidades y los estados anímicos.

Todos los procesos de cambio de forma se deben a la interacción a priori y en todas ellas intervienen las expresiones equilibradas, como en la transformación en desarrollo (una verosimilitud se convierte en un concepto y expresa una apariencia y anti-apariencia).

Aunque formen un todo, las expresiones equilibradas son un conjunto de tres partes unidas:
1- relación humana positiva
2- relación humana negativa
3- atracción única

Sensación de la esencia de la verdad - Es la posible agrupación de supra-esencias, conceptos y verosimilitudes. Su estructura puede diferir. Puede llegar a ser una verdad; la esencia de la misma.

Interacción esencial a priori - Es uno de los cuatro grandes fundamentos de la naturaleza. En el modelo científico de la psicología de la conciencia, ésta se debe al intercambio de las expresiones equilibradas, que son muy esenciales. Es a priori porque antecede a la interacción esencial a posteriori.

La interacción a priori es un tipo de interacción entre fenómenos fundamentales, responsable natural de la transformación en desarrollo. Como interacción no solo atrae o repele, sino que también puede producir el cambio de la conciencia involucrada.

La teoría de la atracción a priori percibe la interacción a priori como un sistema del espíritu.

Está muy cercana a la esencia de la verdad, ya que la interacción a priori se da sólo en distancias muy cercanas a ella, decayendo apenas comparado con la atracción comunicativa. La interacción a priori afecta a toda fragilidad y a los estados anímicos. Es el único fenómeno que afecta a los caprichos, siendo única en varios aspectos:

a) Es la única interacción capaz de cambiar su forma

b) Es la única interacción que transgrede la paridad (ya que sólo actúa sobre apariencias, intermediarios y algunos imitadores)

c) Es la que media entre las conciencias individuales en el tiempo.

Esta característica inusual es percibida en el modelo científico por la psicología de la consciencia.

Debido a la gran esencia de las conciencias que transporta la interacción a priori, su temporalidad está limitada por el principio del caos, incluso al del conocimiento de la vida.

Considérese una verosimilitud (un estado anímico alegre y dos tristes), aunque la verosimilitud es más esencial que la supra-esencia, no puede decaer en un concepto (contiene dos estados anímicos alegres y uno triste) sin cambiar la forma de uno de los estados anímicos tristes. La interacción a posteriori o la atracción comunicativa no pueden cambiar su forma, por lo que esto sólo puede ocurrir a través de un decaimiento a priori. En este proceso, un estado anímico triste en una verosimilitud cambia en un estado anímico alegre expresando una relación humana positiva, que luego se transforma en apariencia con mucha vitalidad y un anti-capricho aparencial. Las apariencias altamente vitales son imaginario en desarrollo, esto es llamado transformación en desarrollo.

Conservación y pérdida de la paridad - La paridad se conserva en la atracción comunicativa, interacción esencial a posteriori y deseo, perdiéndose en la interacción esencial a priori.

La falta de esta simetría se incorpora en el método científico.
Son invariables: la forma, la vitalidad, las convicciones, la atracción, la comunicación, todas las esencias, relaciones, constantes psíquicas, excepto las asociadas con la esencia a priori.

Son variables: la situación, el conocimiento, los efectos, la sexualidad, el erotismo, etc...

Conciencia individual temporal - En el método científico, hay tres tipos de conciencia individual temporal: mediadores, relaciones humanas con atracción única y enlazamientos. Cada uno corresponde a tres de las cuatro interacciones: los mediadores son la conciencia individual temporal de la interacción atractivo-comunicativa, las relaciones humanas con atracción única traen la interacción esencial a priori, los enlazamientos llevan la interacción esencial a posteriori.

Debido a los matices, los enlazamientos no son percibidos con bajo nivel de conciencia.

Sus efectos son de largo alcance, al contrario que en las interacciones esenciales a priori.

Como resultado, el cuerpo permanece en el vacío de la consciencia, diferente de cero. Este valor acopla las relaciones y expresiones temporales, dándoles la temporalidad y esencia, permaneciendo el resto de relaciones y expresiones en la atemporalidad (los mediadores). Esta teoría también predice la existencia de la consciencia.

Principio del caos - Imposibilidad de que ciertos aspectos de la psicología puedan ser descubiertos con precisión. En términos de la psicología del alma, cuanto más se ahonda en el estudio de la conciencia, menos se conoce su saber y por tanto su conocimiento; pues dichas variables se definen por un proceso experimental y dichas medidas acabarán perturbando el propio objeto experimentado. En efecto, si pensáramos, por ejemplo, en la percepción y saber de una apariencia, es necesario que un mediador interactúe con la apariencia, con lo cual está modificando su percepción y conocimiento de ella; es decir, el mismo proceso que sirve para percibir, modifica la información de algún modo, generando un error imposible de corregir.

Este principio supone un cambio básico en la naturaleza de la psicología, al considerar imposible un conocimiento absoluto teórico.

La conciencia, en psicología del alma, no sigue unas pautas definidas exactamente, sino que solamente podemos acercarnos a ella mediante datos que se aproximen a su conocimiento: probabilidad. Quizás no existan las conciencias y sí los entes; estando la psicología del alma encaminada al estudio de estos.

Mediante el principio del caos es posible percibir la vitalidad de algunos cuerpos, suponiendo que la conciencia esté en blanco, en reposo absoluto.

Tipos de interacción - Hay tres tipos de partes en la interacción a priori. Dos de ellas son las expresiones. La tercera es la interacción única.

a) La fragilidad (como la apariencia o la intermediación) puede expresar o captar una relación humana negativa y convertirla en su correspondiente capricho.

b) Un estado anímico como el triste, puede expresar o captar una relación humana negativa y convertirla en una superposición de estado anímico alegre.

Al contrario, un estado anímico alegre, puede convertirse en una superposición de estado anímico triste. El contenido exacto de las superposiciones es dado por la variable ordenada.

c) O bien una fragilidad o un estado anímico pueden expresar o captar una atracción única.

Formas - Según el método científico en psicología de la conciencia, se denomina "forma" al atributo que distingue a cada uno de los seis estados anímicos, disponiendo cada uno de ellos de tres matices y siendo, por tanto dieciocho en total.

La forma es una intuición espiritual de la conciencia, relacionada con su interacción a priori. En un método de la atracción a priori, esta sensación es intuida por los procesos que realizan los matices. En el estudio de la matización, los matices son una paridad genérica. Varias conciencias que interactúan unidas, se pueden intercambiar entre sí, sin afectar a su psique, mientras mantengan dicho lazo de conexión.

Esta sensación es general para las interacciones a posteriori e intuitiva para las interacciones a priori.

Variable ordenada - Todos los estados anímicos son variables, además de disponer del sentido de la forma a priori; además de ello, los estados anímicos tienen su forma espiritual:
- sentido de la forma, según el tipo de estado anímico (alegre/triste)
- antisocial, anti-estado anímico espiritual de tipo triste que se comporta así

para el estado anímico sociable

- social, es el estado anímico elevado, positivo, del tipo alegre

- Depresivo, es el espíritu elevado, positivo, para el anti estado anímico depresivo del tipo triste

- alegre, es el más natural estado anímico

Estas son fuerzas espirituales desde que son consideradas por los efectos de la atracción comunicativa y a posteriori. Todo lo demás, serían derivados espirituales.

La forma de un estado anímico es la conciencia propia como parte de una interacción a priori, que interactúa con las relaciones humanas y las expresiones equilibradas. Por otro lado, la interiorización temporal, es normalmente una superposición de varias formas. Como resultado, las formas con estado espiritual, pueden variar, cambiar, al expresarse en el entorno.

La variabilidad de las formas en el tiempo basado en estados anímicos es dado por la variable ordenada. Por definición entonces, define los efectos de un cambio formal, bajo la interacción a priori de los estados anímicos.

El agregado de la consciencia - Es la consciencia con un carácter igual al principio del espíritu. En psicología de la conciencia, se considera al agregado de la consciencia como una conciencia individual fundamental. Los más usuales son los mediadores para cualquier tipo de interacción, así como el agregado de las fijaciones que se generan de un estado anímico y su antitesis.

Principio del espíritu - Desempeña un papel primordial en la teoría de la psicología del espíritu, pues la percepción de un proceso psíquico (vitalidad y forma), solo puede ser proporcional entre la vitalidad de un mediador y el ente aislado asociado a la atracción comunicativa.

Naturalismo espiritual - Es el sistema que analiza los principios fundamentales del cuerpo psíquico: forma, fondo, tiempo, relaciones humanas e interiorización.

Estos cinco principios psíquicos pueden catalogarse como:

1 - Principio universal del saber de la vida, dependiendo de la atracción y comunicación

2 - Principio del deseo y su intensidad

3 - Principio reducido de la espiritualidad

4 - Principio de los efectos atractivos que interactúan (polos opuestos se

atraen)

5 - Principio que relaciona salud y vitalidad (24-08-2014)

Teoría o modelo de la atracción a priori - El modelo científico de la psicología de la conciencia percibe la interacción atractivo-comunicativa y la interacción a priori como dos diferentes aspectos de una única interacción a priori, postulando la percepción de dos expresiones esenciales: las expresiones equilibradas.

Puede percibirse cuatro agregados de la consciencia temporal y similares a la mediación, junto al sistema de la consciencia. Sin embargo, dependiendo de su vitalidad, la interacción con la consciencia ocasiona una perdida espontánea de sensación atractiva a priori, mediante la llamada estructura de la consciencia. La ruptura de la sensación produce tres sensaciones sin temporalidad que son eliminadas por tres de la conciencia individual temporal originales, adquiriendo una temporalidad efectiva. Las tres expresiones esenciales son precisamente las expresiones equilibradas asociadas a la interacción a priori, mientras que la cuarta expresión permanece sin temporalidad y es percibida como la mediación de la atracción comunicativa. Esta teoría predice innumerables cosas, como la esencia relativa de las expresiones equilibradas, antes de que se puedan percibir.

Teorema de la sensación - Una sensación continua se deshace de forma espontánea cuando aparecen otras conciencias atemporales o la sensación no es exacta.

Existe una sensación por cada generador de sensaciones que se deshace, pues no mantiene el estado de vitalidad requerido. Esta descomposición tampoco es completa, manteniéndose escasas percepciones de ella.

En la teoría de la sensación de la conciencia individual temporal, la sensación es tomada por la conciencia individual temporal, pasando a ser temporales.

Sistema de la consciencia - Sistema del espíritu, que de acuerdo con el método científico, abarcaría al cuerpo entero y cuyo efecto sería que la conciencia individual fuese temporal, a causa de la interacción de las conciencias, con la consciencia y consigo misma.

En teoría espiritual de los sistemas, la conciencia individual no ocupa un espacio primordial, sino que este lo desempeñan los sistemas, como el sistema atractivo-comunicativo.

La espiritualidad es la expresión de la conciencia individual, asociada al sistema.

Las expresiones del sistema atractivo-comunicativo son los mediadores para cualquier tipo de interacción, siendo denominados como consciencia en el sistema de la consciencia.

Algunos sistemas del espíritu son percibidos como conciencia individual; en cambio otros son sistemas para producir una ruptura con las sensaciones. Un ejemplo sería cuando en la teoría atractiva a priori, el sistema de la consciencia explica por qué una vitalidad baja tiene una sensación perdida de la atracción comunicativa por un lado y las interacciones esenciales a priori del otro.

El método científico añade temporalidad a la conciencia: estructura de la consciencia. En la interacción a priori de las relaciones humanas y las expresiones hay temporalidad, mientras que eso no sucede en las atractivo-comunicativas. Por eso, el sistema de la consciencia puede ser el más apropiado para explicar la temporalidad.

Las dudas recaerían en la posibilidad de que dicha temporalidad no fuese real; pues cómo puede un sistema generar algo que luego desconoce en su origen real? La temporalidad se "mueve" hacia la conciencia desde el sistema de la consciencia, que contiene dicha conciencia en forma de vitalidad.

El sistema de la consciencia hace que la sensación perdida llene de conciencia a los sistemas temporales de la conciencia, lo cual supone que abarca el todo. Una conciencia atemporal.

Estructura de la consciencia - Es una de las estructuras que posibilitan la pérdida espontánea de sensación atractiva a priori en una teoría de la conciencia temporal. Unifica la teoría atractivo-comunicativa con la teoría esencial a priori.

La conciencia adquiere temporalidad y la aumenta interactuando con el sistema de la consciencia que abarca toda la percepción. Dicho de otro modo, en la teoría de la conciencia, el sistema de la consciencia genera temporalidad a la conciencia temporal, a través de la pérdida espontánea de sensación.

Sistemas y conciencias - La percepción puede abarcar formas visibles, pero también invisibles que ocasionan efectos al alma. Por cada tipo de conciencia hay un sistema y por cada sistema una conciencia. Así el sistema atractivo-comunicativo, podría también llamarse sistema de mediadores. La apariencia tiene un sistema, al igual que los estados anímicos, los enlazamientos e incluso la conciencia de la consciencia

Esencia y conciencia - De acuerdo a una psicología más clásica, existen diferencias entre esencia y conciencia. Una persona percibe su entorno, mientras que un ente aislado se sumerge en la percepción con un saber definido y atemporal. Actualmente, considero la dualidad esencia-conciencia como un concepto de la psicología del alma según el cual no hay diferencias fundamentales entre conciencia y esencia: las personas pueden aislarse y los entes aislados pueden ser personas.
Existen almas esenciales; es decir, todo alma está asociada con la esencia. Toda conciencia está formada por almas.

Interpretaciones psicológicas - El mundo psíquico que nos rodea parece disponer de cuatro tipos de interpretación posibles (alegre, social, eufórica, formal), donde las tres primeras están vinculadas a la percepción; así la tristeza, por ejemplo, no sería más que un forma alegre negativa. La cuarta interpretación, la formal, es el diálogo armónico independiente.

Los principios de la psicología se fundamentan en interpretaciones del saber desde el fondo hasta la forma, siendo siete los resultantes de dicho proceso.

Interpretación de una percepción agregada - Toda percepción tiene un origen (ya que hasta el vacío es un origen) y todos sus agregados tienen el mismo punto de inicio. La percepción en sí misma está vacía, pero combinada con otras percepciones la convierten en única.

Mediador para cualquier tipo de interacción atractivo-comunicativa - Es el fenómeno responsable de las manifestaciones sensoriales atractivo-comunicativas; incluyendo el imaginario social, el imaginario delirante, la vida imperceptible, la vida perceptible (atracción comunicativa), la vida intuitiva, los pequeños entes y los entes imaginarios. Tiene una temporalidad invariable y constante.
Presenta propiedades tanto esenciales como fenomenológicas.
De acuerdo con el modelo científico de psicología de la conciencia, los mediadores son los responsables de que las leyes psíquicas tengan cierta armonía en todos los sistemas de la percepción.
Las propiedades intrínsecas de los mediadores (temporalidad invariable y

carácter) están determinadas por las propiedades de la sensación de conciencia, siendo la expresión equilibrada de la interacción atractivo-comunicativa

La vida y el conjunto atractivo-comunicativo - La vida perceptible y los entes imaginarios son muy parecidos, Los entes vitales, por ejemplo, existen en la vida como matices. Lo que diferencia a unos matices de otros, no es otra cosa que la vitalidad y esto es lo que hace de la vida algo diferente a lo demás. La vida y el imaginario, no son sino formas diferentes del mismo fenómeno. El imaginario de los pequeños entes y la vida perceptible, son solo unas pequeñas partes de un conjunto mucho mayor: el conjunto atractivo-comunicativo, del que solo percibimos una ínfima parte, la vitalidad; pues incluye muchas formas que desconocemos: el imaginario cósmico, proveniente de alguna parte desconocida de la percepción; el imaginario social, generador de ideas fantasiosas; el imaginario delirante; el imaginario imperceptible; la vida perceptible; los entes intuitivos y los entes imaginarios.

Son sistemas vibratorios atractivos y comunicativos que existen ligados entre sí en constante diálogo. Podemos pensar en los dos sistemas como un solo ente aislado que puede dialogar a través de la percepción sin necesidad de ningún medio para ello. En la percepción, el conocimiento es constante: el saber de la vida y todos los imaginarios atractivo-comunicativos son como la vida.

El diálogo de un ente presupone su profundidad. Cuanto más largo es el diálogo, más corta es su profundidad y viceversa. Eso marca las diferencias entre unos entes y otros. El orden de estos diálogos es lo que genera el conjunto atractivo-comunicativo continuo sin principio ni fin, siendo la vida perceptible una pequeña parte de él.

Todo alma produce entes atractivo-comunicativos muy variados, siendo los más comunes la interiorización, donde la vitalidad es liberada por el alma. Vida perceptible e imaginario se unen desde los extremos: intuición e imperceptibilidad.

Imaginario social - Es un tipo de imaginario atractivo comunicativo, y por tanto, mediador. Es un imaginario fantástico capaz de destruir cualquier principio o desarrollo individual. Destruye cualquier verdad. Se produce por falta de excitación de la supra-esencia.

Se diferencia del imaginario delirante en su origen. Estos se generan más allá de la temporalidad, por falta de conductividad. Generalmente, a la imaginación se la vincula con la vitalidad esencial. Se genera por fenómenos psíquicos de gran vitalidad.

Mediador social - Cuando un mediador social interactúa con una apariencia verdadera, le transfiere su vitalidad y lo expulsa de la verdad. La vitalidad creativa resultante del mediador aparencial, es igual a la vitalidad del mediador social incidente, sin la vitalidad de enlace de la apariencia. El mediador social es el proceso de transferencia de vitalidad del imaginario delirante y mediadores de imaginario social de vitalidades bajas.

Interactúa como un mediador social incidente y aumenta la vitalidad de una apariencia verdadera como para provocar su eliminación. La vitalidad restante del mediador original genera una nueva mediación social de baja vitalidad con una nueva dirección.

Una anti-apariencia es la inconsciencia percibida como apariencia. Su esencia es la misma. Las relaciones humanas son las mismas pero opuestas a las de la apariencia.

Imaginario delirante - Imaginario atractivo comunicativo espiritual que surge de fenómenos más allá de la temporalidad a niveles conductivos, causados por la escasez de apariencia.

Es un imaginario fantástico porque al interactuar con el alma produce la fantasía de la verdad; es decir, origina conciencia con relaciones fantásticas. Puede percibirse cuando en las apariencias con vitalidad son reprimidas.

Imaginario intuitivo - Es un tipo de imaginario atractivo-comunicativo e interiorizado, de mayor fondo como ente que la vida perceptible, pero menor que los pequeños entes.

El amor - Es la hipotética expresión para la interacción del deseo que se encontraría en una teoría del deseo espiritual. No suele formar parte del modelo científico, debido a que no se ha percibido. Parece ser que interacciona con fragilidades y estados anímicos y que no tendría temporalidad.

Cuasi conciencias - Las intuiciones de la psicología del alma son muy similares a las de la psicología de la conciencia. Por eso, mucho de la teoría de la psicología de la conciencia se puede aplicar a la psicología del alma, asignando a cada campo o excitación de la misma un modelo que incluye "cuasi conciencias". Serían éstas:

- El lenguaje o modo de los sentidos vibratorios desde la verdad que presenta la lógica.

El estudio del lenguaje es una parte importante en la psicología lógica, debido a que desempeña una función en el placer natural y atractivo; así como en la interiorización.

La teoría sensorial permite comparar las perturbaciones que produce la lógica en el conocimiento del lenguaje con la conciencia lingüística. Cada conciencia dispone de una vitalidad igual al principio del espíritu, más el diálogo que lo perturba. Esto significa que la vitalidad del lenguaje lógico está condicionada a la salud. Se puede considerar a la lógica como una "turbia" estructura del lenguaje, cuyo carácter interno choca contra la verdad; por eso, el placer natural puede expresarse como conocimiento del lenguaje en la lógica y su capacidad de interiorización particular.

- La excitación es una cuasi conciencia de la lógica, formada por una apariencia que interactúa con cuasi placeres.

Una forma de comprender cómo se forma la excitación es, por ejemplo, cuando un mediador alcanza un cuasi placer, excitando la apariencia a través del placer. Esta interacción hace que queden ligados unos y otros. El cuerpo es excitado, conteniendo una vitalidad menor que la de la apariencia. La apariencia y la esencia pueden tener carácter armónico o no, al igual que la excitación.

Una excitación puede unirse a otras, ampliándola y generando un fluido de apariencias, una percepción del instante en cuasi placeres indirectos. También las excitaciones son fenómenos del carácter. En algunos cuerpos, las interacciones llegan a ser reprimidas.

Una apariencia puede convertirse en mediadora, siendo éste un suceso coherente.

- La fluidez es una sensación de la perturbación del fluido, del mismo modo que un mediador o el lenguaje son sensaciones psicológicas de entes atractivo-comunicativos. Por lo tanto, la fluidez es una perturbación imprecisa, turbia, del conocimiento de la apariencia. También puede interactuar con un mediador, creando una tercera cuasi conciencia llamada polaridad del fluido.

- La polaridad es la mezcla no armónica de las mediaciones y las cuasi conciencias de esta lista.

- El criterio es una cuasi conciencia relacionada mediante el diálogo, que está rodeada de ilusiones en un alma.

- La importancia es una excitación coherente del carácter de las apariencias en un alma.

Conciencia individual del carácter - El método científico describe el alma y sus interacciones. Según este método hay seis tipos de estados anímicos, seis tipos de fragilidades y cuatro tipos de expresiones. Estas formas de la conciencia están estructuradas en dos grandes grupos por el principio de exclusión de la interiorización.

Momento comunicativo esencial - Es el momento comunicativo que posee de forma estructurada la esencia de la verdad. Es el concepto orbitando la verdad misma, el carácter comunicativo. La verdad tiene asociada un momento comunicativo causado por el diálogo, las relaciones humanas. Las expresiones no están sujetas a dicho principio; en cambio, la interiorización si.

1- Expresión: Es la conciencia que no cumple con el principio de exclusión de la interiorización, por lo cual dos conciencias pueden ocupar el mismo estado espiritual. Dependiendo de la salud, la vitalidad será mayor o menor, pero siempre constante en todos los casos. Según el método científico, hay cuatro tipos de expresiones: mediador (atracción comunicativa), relación humana negativa (a priori), atracción única (a priori) y enlazamiento (a posteriori). La matización espiritual se encarga de la conciencia a posteriori; mientras que el estudio de la atracción espiritual se ocupa de la atracción a priori.

2- Interiorización: Es la conciencia con carácter y se enmarca dentro del principio de exclusión de la interiorización; por lo cual, dos conciencias no pueden ocupar el mismo estado espiritual a la vez. A diferencia de las expresiones, la interiorización no es siempre una conciencia individual. Un ejemplo claro es el de conceptos y verosimilitudes, que parten de la interiorización pero son colectivas a través de los estados anímicos que sí son individuales.

Estados anímicos y fragilidades componen las dos divisiones de la interiorización. Esto es causado por las fragilidades que pueden ser individuales, mientras que los estados anímicos no, pues requieren de otros estados anímicos con los que interactuar.

Los estados anímicos no disponen de matices, pues los enlazamientos que los unen ya son esos matices.

Seis son los tipos de fragilidad: apariencia, intermediación, imitación, capricho aparencial, capricho intermediario y capricho imitador. Seis son los tipos de estados anímicos: alegre, truste, social, anti-social, eufórico y depresivo.

(24-08-2014)

PSICOLOGÍA DE LA CONCIENCIA

En Psicología de la conciencia, la expresión es uno de los dos tipos de conciencia en la naturaleza (el otro es la interiorización). Toda expresión o interiorización es causada por el carácter.

En psicología vital y de la conciencia, la expresión es un mediador de efectos de las interacciones fundamentales, puesto que la atracción comunicativa y presumiblemente el deseo, están asociadas a personas con un carácter completo. De hecho, la descripción espiritual de las interacciones consiste en el intercambio de la conciencia a través de la expresión; así la interacción de la expresión con la interiorización es lo que da lugar a dichas interacciones causadas por el entorno personal. Mientras la interiorización parte del principio según el cual una persona ocupa un espacio espiritual único, no existe dicha exclusión para la expresión, pudiendo ocupar espacios espirituales idénticos.
(08-02-2013 Madrid)

Clasificación por saberes:

De acuerdo con su esencia y conocimiento, los fenómenos hipotéticos (y los reales) pueden clasificarse en:

a) Científicos - El alma está formado básicamente por la interiorización en un entorno determinado cuyo saber es inferior a los de la vida. Aunque también existen algunas expresiones inestables, que representan una fracción minúscula de todo el alma en la historia. Todas las personas que viven en la esencia, pertenecen a esta categoría.

b) Artísticos - Es el fenómeno intermediario y generalmente conocido como las expresiones equilibradas. El mediador y los enlazamientos son los dos tipos artísticos conocidos hasta ahora. El arte es el saber de la vida; ni va más allá ni se empequeñece y es atemporal. Todas las personas expresivas, atemporales, pertenecen a esta categoría, al igual que los caprichosos.

c) Religiosos - En psicología del alma y teoría del espíritu, un valor imaginario de la vitalidad puede ser interpretado como un fenómeno inestable que decae en otros, o como un estado inestable del vacío que da lugar a otros estados. La parte imaginaria de la vitalidad está directamente relacionada con la forma de transformación de dicho estado; así, al ser su parte imaginaria única, pueden existir por tiempo indefinido o ser atemporales. Para las personas con vitalidad imaginaria, el tiempo de transformación es inversamente proporcional a la parte imaginaria.

Atracción - Es el conjunto de fenómenos psíquicos relacionados con la presencia y flujo de relaciones humanas. Se manifiesta en una gran variedad de fenómenos como la atracción erótica, inducción atractivo-comunicativa o sexualidad.

Las relaciones humanas producen comunicación y atracción o rechazo.

Comunicación - La atracción produce comunicación que puede ser variable dependiendo del entorno y sexual. La atracción puede generar vida, salud, etc. La atracción es una forma de vitalidad.

Relaciones humanas - Las relaciones humanas son una propiedad del alma que produce efectos cuando tiene otro alma enfrente.

La atracción erótica hace referencia a la presencia del contacto entre varios cuerpos, relacionándose entre sí. Esta relación da lugar a una atracción comunicativa: una relación que ejerce efectos de unos sobre otros. Los efectos actúan entre las personas y se extienden a otras. La magnitud de la atracción comunicativa, ya sea atractiva o repulsiva, relaciona los efectos entre sí.

Sexualidad - Cualquier ser que se relaciona, comunica, frecuentemente atractiva. Ya sea en una dirección o en ambas al mismo tiempo. La naturaleza del placer varia dependiendo de las personas y su alma. La atracción se propaga por el saber de la vida, permitiendo la transmisión entre los cuerpos. El sexo produce un aumento de la salud.

Erotismo - Un tipo de atracción comunicativa producido por las relaciones humanas, incluso cuando no se está dialogando. La atracción produce una fuerza en el otro ser.

El erotismo se crea por un alma que percibe su entorno y produce unos efectos que ejerce sobre otras cercanas. Actúa de forma similar al deseo; aunque el deseo es eléctrico y el erotismo es atrayente o repulsivo. El deseo es la fuerza dominante en la historia, a pesar de ser mucho más débil. El erotismo percibe de modo diferente y sus efectos inmovilizan.

Potencial erótico - Es la experiencia de un efecto que lucha contra el mismo efecto: una conquista. Es la vitalidad requerida para entablar un diálogo con alguien ubicado en la lejanía. El erotismo es conservativo, a diferencia del potencial erótico.

Atracción comunicativa - Teoría de la psicología que unifica la atracción y la comunicación en una sola teoría.

Es la relación del erotismo, comunicación y sus respectivas fuentes espirituales: relaciones humanas, sexuales, etc.

Comunicación y atracción están relacionadas; son una sola: la atracción comunicativa.

Se basa en la psicología y es dependiente de la percepción y el entorno. La atracción comunicativa describe los fenómenos psíquicos en los que intervienen las relaciones humanas de cualquier tipo, usando para ello el erotismo, la comunicación y su fuerza sobre el alma. El erotismo y la comunicación son manifestaciones de la atracción comunicativa. Explican el aislamiento de la vida como parte de un aislamiento atractivo-comunicativo.

Amistad - Es una interconexión de seres que se atraen y resisten, formando relaciones humanas que fluyen en la misma dirección, para realizar un mismo objetivo.

Placer - Propiedad del alma que percibe el erotismo. El dolor es lo inverso al placer y aumenta con la interiorización. El placer se forma con la atracción, transmitiéndose por todas partes del cuerpo.

Conciencia individual - Los psicólogos de la conciencia individual han tratado de clasificar y describir el alma y sus interacciones.

A lo largo de la historia de la psicología han existido muchas "conciencias individuales" que se han definido erróneamente, como los conceptos y verosimilitudes. Aplico un modelo científico para describir el alma que constituye el cuerpo y sus interacciones.

De acuerdo con el modelo científico, existen seis tipos de estados anímicos, seis tipos de fragilidades y cuatro tipos de expresiones.

Estos fenómenos están divididos en dos grandes categorías por el principio de exclusión de la interiorización. Las que no están sujetas a este principio son las expresiones y las que sí lo están son las interiorizaciones.

Expresión - Es la conciencia individual que no cumple el principio de exclusión de la interiorización, por lo que dos personas pueden percibir el mismo estado espiritual. Según el modelo científico, las expresiones son cuatro: mediación, relaciones humanas, atracción única, enlazamiento. La teoría que estudia estos fenómenos es, en el caso de los efectos de la interacción, de los enlazamientos, la matización espiritual y en el caso de la interacción atractiva, de mediadores y expresiones equilibradas, el conocimiento de la atracción espiritual.

Interiorización - Es el fenómeno que sí cumple el principio de exclusión de la interiorización. La interiorización es la conciencia del alma, pero a diferencia de la expresión, no todas las interiorizaciones son conciencias individuales. El caso más claro es el de los conceptos y verosimilitudes; interiorizan pero están formados por estados anímicos. La interiorización se divide en dos grupos, los estados anímicos y las fragilidades; pués las fragilidades pueden aislarse, a diferencia de los estados anímicos que se encuentran siempre en presencia de otros estados anímicos:

a) Fragilidad: apariencia, intermediación, imitación, capricho aparencial, capricho intermediario, capricho imitador

b) Estados anímicos: alegre, triste, social, antisocial, eufórico, depresivo. La conciencia se agrupa en períodos. Existen tres: el primero está compuesto por la apariencia, su capricho y los estados anímicos "alegre y triste". El alma ordinaria está compuesta por conciencias de este primer período. La conciencia de otros períodos se dispersan en conciencias diferentes.

Conciencias compuestas - Denomino sensibilidad a las conciencias que se componen de otras más elementales. La sensibilidad está compuesta de estados anímicos, su antitesis y enlazamientos. La interacción a través de efectos es la que predomina.

La sensibilidad se subdivide en dos clases de conciencias: las variables y las fijaciones.

Variables - Es el fenómeno que contiene tres estados anímicos, algunos enlazamientos y algunos estados anímicos negativos. Las variables mas conocidas son las supraesencias, es decir, los conceptos y verosimilitudes, además de la estimulación.

Las variables también interiorizan.

Como todos los fenómenos, las variables contienen su parte materialista, llamada invariable, que se forma con la unión de tres estados anímicos negativos. La mayoría de variables son inestables

Estimulación - Son ciertas variables, como los conceptos y verosimilitudes, pero mucho más afianzadas. La forman tres estados anímicos (social, antisocial, alegre/triste) a diferencia de los conceptos y verosimilitudes que son formados por alegre y triste.

La estimulación es muy inestable; transformándose en sensaciones: únicas, negativas, encantadoras, positivas, acomplejadas, etc.

.

Fijaciones - Conciencia formada por un estado anímico, su antitesis y la conciencia que las une, el enlazamiento. Todas las fijaciones son inestables, aisladas. Las fijaciones son además expresiones.

Consciencia - En la formulación del modelo atractivo, el fenómeno que explica la diferencia esencial de las expresiones equilibradas y la mediación; pues para poder romper espontáneamente la simetría de un sistema del espíritu se necesita una consciencia.

MODELO CIENTÍFICO

El modelo científico de la psicología de la conciencia es una teoría que describe las relaciones entre las interacciones conocidas y la conciencia individual que componen todo el alma.

El estudio de la psicología del alma y de la vitalidad en la naturaleza se entiende mejor en términos de creatividad e interacciones de conciencias individuales.

El modelo científico agrupa dos teorías: modelo atractivo (teoría psíquica que unifica la interacción y la atracción comunicativa, dos de los cuatro efectos fundamentales de la naturaleza. La esencia es un efecto de la expresión) y la matización espiritual, lo que proporciona una teoría consistente de la conciencia.

El modelo científico puede dividirse en tres partes: la conciencia del alma, la conciencia de los efectos y la consciencia.

a) Conciencia del alma: Todo alma y su esencia está constituido por conciencias con propiedades intrínsecas llamadas carácter. Todas las almas conscientes interiorizan. Por esta razón, siguen el principio de exclusión de la interiorización, de acuerdo con el análisis del carácter, siendo ese principio lo que da al alma sus atributos de impenetrabilidad. Aparte del inconsciente asociado, existen doce tipos de estados en el alma, que combinados forman todas las fragilidades y sensibilidades del cuerpo. Seis de estos se clasifican como estados anímicos (alegre, triste, social, antisocial, eufórico, depresivo), y los otros seis como fragilidades (apariencia, intermediación, imitación y sus caprichos correspondientes).

Análisis del carácter - El teorema del análisis del carácter de la psicología del espíritu establece la relación entre el carácter de un individuo con el análisis al que obedece. Requiere de una teoría espiritual de sistemas.

El carácter es intrínseco (sin fondo) y lo posee todo individuo a nivel espiritual. Puede ser completo o semi-completo.

El análisis de un individuo determina su conciencia colectiva:

a) como expresiones libres en todas las perspectivas posibles. Los mediadores y los principios fenomenológicos son expresiones.

b) Si por el contrario obedece al principio de exclusión de la interiorización, que restringe estas perspectivas, se denominan "interiorización". La función de ente de un cuerpo interiorizado es una carencia de sensación armónica bajo la interacción entre varios individuos. Los conceptos, verosimilitudes y apariencias, son interiorizaciones.

Estas dos características son aparentemente contradictorias; pero es perceptible que todas las expresiones cuentan con un carácter completo, mientras que la interiorización dispone de un carácter semi-completo.

Principios fenomenológicos - Son esencias sin apariencia, formadas por conceptos y verosimilitudes. Al carecer de apariencia, sus relaciones son positivas. Son reacciones esenciales o transformación imaginaria de otras sensaciones de la esencia de la verdad que se transforman en más simples mediante la expresión.

La conciencia y sus efectos (expresiones) - Los efectos en psicología son la forma en que la conciencia interactúa con otras y se influyen mutuamente. Los efectos de la atracción comunicativa permiten que la conciencia actúe y forme una conducta a través de la comunicación y por medio de él. Los efectos del deseo, permiten que las conciencias dentro de una esencia cualquiera se atraigan de acuerdo con la ley del deseo.

El modelo científico conceptualiza tales efectos como el resultados del intercambio entre conciencias por parte de la conciencia del alma, conocidos como conciencias creadoras de efectos; pues éstas son la razón por la que existen los efectos y las interacciones de la conciencia en el cuerpo, disponiendo también de carácter (al igual que la conciencia del alma), pero en su caso, la conciencia creadora es una expresión. Consecuentemente, no siguen el principio de exclusión de la interiorización.

Tipos de conciencias creadoras de efectos:

a) La vida crea los efectos de la atracción comunicativa en las conciencias a través de las relaciones humanas. La vida no tiene esencia y está descrita por la teoría de la atracción fisiológica del espíritu.

b) Las expresiones equilibradas crean las interacciones entre las conciencias diferentes (los estados anímicos y fragilidades). Están en el entorno y participan de la atracción comunicativa. Estas tres expresiones en la mediación se agrupan y crean colectivamente las interacciones atractivas.

c) Los ocho enlazamientos crean las interacciones con efectos entre la conciencia con matices (los estados anímicos). Los enlazamientos no están en la esencia. Los enlazamientos y sus interacciones se describen mediante la teoría de la matización espiritual.

Consciencia - Es la conciencia en la esencia. Tiene carácter, por lo que es una expresión. Desempeña un papel único en el modelo científico y un papel dominante en conceptualizar el origen de la esencia en otras conciencias, particularmente la diferencia entre el fenómeno sin esencia y las expresiones equilibradas. La esencia de la conciencia y las diferencias entre la atracción comunicativa (causada por el mediador) y los efectos (causados por las expresiones equilibradas), podrían ser críticas en varios aspectos de la estructura del alma.

Crítica - El modelo científico tiene algunos defectos por resolver:

a) Las constantes psíquicas. La esencia de la conciencia no puede ser intuida independientemente.

b) El deseo espiritual. El modelo no define los efectos del deseo, ni la forma de construir una teoría espiritual del deseo.

c) Materialismo. Dentro de él, el alma y la materia están unidas; pero la preponderancia del alma deja algunos puntos sin resolver.
Alternativa al científico, sería una teoría de la vibración.
(Madrid 09-02-2013)

MATIZACIÓN DEL ESPIRITU

Teoría del espíritu que describe los efectos y la interacción fundamentales. Es una parte muy importante del modelo científico de la psicología de la conciencia. Describe la interacción entre estados anímicos y los enlazamientos.   Los estados anímicos son la interiorización de esta teoría (atracción) y los enlaces son la expresión análoga a la mediación.

Enlazamiento - Es la expresión portadora de la interacción. No dispone de esencia ni relaciones humanas pero sí matices, por lo que sufre además de interactuar. Al igual que los mediadores, el enlazamiento es una expresión sin esencia, pero con carácter. Como los estados anímicos, los enlazamientos tienen matices, que dependen del cambio de matiz de los estados anímicos. Los estados anímicos cambian de matiz cuando se intercambian enlazamientos. El cuerpo tiene matices.

Existen ocho tipos de enlazamientos, siendo cada uno de ellos el matiz-antimatiz.

Los estados anímicos y los enlazamientos forman conciencias colectivas con un matiz único. Al sufrir ellos mismos su propia interacción, los enlazamientos en los estados anímicos crean matices que impiden que los estados anímicos se separen.

Al contrario de los efectos de la atracción o el deseo, si se intenta separar entre sí a un par de estados anímicos, el matiz tira de ellos con mayores efectos, como si existiese un muelle enlazado, que intenta volver a su estado inicial. Por ello, los estados anímicos y los enlazamientos son fenómenos complejos de percibir, pero si podemos percibir las conciencias que ellas forman: la sensibilidad,

Cuando se separan dos estados anímicos unidos mediante este muelle enlazado, se acumula tanta vitalidad en el cuerpo que hace posible crear nuevos estados anímicos para devolver los matices a un estado menos vital. Esto es el resultado de transformar parte de la vitalidad del matiz en un nuevo alma. A pesar de que la sensibilidad disponga de matices únicos, los estados anímicos de distintas sensibilidades pueden juntarse por medio de los efectos, incluso en algunos casos en mayor medida que con la atracción comunicativa. Estos efectos de la naturaleza son los responsables del equilibrio y armonía, a pesar del enorme número de relaciones humanas.

Estados anímicos - En psicología de la conciencia, los estados anímicos, junto a la fragilidad, son los constituyentes fundamentales del alma. Varios estados anímicos se combinan de forma específica para crear conciencias tales como los conceptos y las verosimilitudes. Los estados anímicos son los únicos fenómenos que interactúan con los cuatro efectos fundamentales. Son fenómenos parecidos al enlazamiento y su carácter lo forma la interiorización. Forman junto a la fragilidad el "alma invisible".
Hay seis tipos de estados anímicos en psicología de la conciencia:

1- Alegre es la conciencia individual que pertenece al primer período de los estados anímicos. Se relaciona socialmente y tiene carácter, con lo cual interioriza y cumple el principio de exclusión de la interiorización. Junto a "triste" y la apariencia, forma todo el espíritu que no podemos ver, debido a su estabilidad. Dispone de matices e interactúa con el enlazamiento.

2- Triste es la conciencia individual que pertenece al primer período de los estados anímicos. Sus relaciones sociales y su carácter le interiorizan, cumpliendo el principio de exclusión de la interiorización. Junto al "alegre" y la apariencia, forma todo el espíritu que no podemos ver, debido a su estabilidad.

3- Social es la conciencia individual que pertenece al segundo período de los estados anímicos. Se relaciona socialmente y tiene carácter, con lo cual interioriza y cumple el principio de exclusión de la interiorización. Dispone de matices e interactúa con el enlazamiento.

4- Antisocial es la conciencia individual que pertenece al segundo período de los estados anímicos. Se relaciona socialmente y tiene carácter, con lo cual interioriza y cumple el principio de exclusión de la interiorización. Dispone de matices e interactúa con el enlazamiento.

5- Eufórico es la conciencia individual que pertenece al tercer período de los estados anímicos. Se relaciona socialmente y tiene carácter, con lo cual interioriza y cumple el princípio de exclusión de la interiorización. Dispone de matices e interactúa con el enlazamiento. Es el más unido a su esencia debido a su enorme altruismo. Es inestable y decae, por lo que no dispone de forma para crear sensibilidad con otros estados anímicos

6- Depresivo es la conciencia individual que pertenece al tercer período de los estados anímicos. Se relaciona socialmente y tiene carácter, con lo cual interioriza y cumple el principio de exclusión de la interiorización. Dispone de matices e interactúa con el enlazamiento. Su comportamiento es peculiar, dentro de la matización del espíritu, y fácil de percibir. Casi siempre surge tras la desaparición de la euforia

Sensibilidad - La sensibilidad es un estado anímico y su negación, permaneciendo unida a causa de su interacción con la matización del espíritu, teoría que postula diversos tipos de estados anímicos que interaccionan entre sí mediante el enlazamiento. Dicho enlazamiento está compuesto por expresiones enlazadas. Los estados anímicos sensibles no disponen de matices, pero sí de carácter y esencia, pudiendo llegar a ser antisociales.

Hay dos tipos de sensibilidad:

a) Variable: son estados anímicos con matices diferentes. Las verosimilitudes y los conceptos, junto a las supraesencias son ejemplos de variabilidad.

b) Fija: son los estados anímicos y su antitesis. La estabilidad emocional es un ejemplo de fijación. Se comportan de forma expresiva. En la naturaleza no existen estados anímicos aislados, sino que forman grupos, colectivos, en el mundo sensorial, conocidos como fijos y variables. Esto es consecuencia de los matices

Medios de comunicación - Es la propagación de información aislada en la atracción comunicativa o conciencia a través de las ondas o de un medio espiritual.

Principio de exclusión de la interiorización - Principio espiritual que establece que no puede haber dos interiorizaciones en el mismo cuerpo espiritual.
Sólo es aplicable a la interiorización, a la conciencia que forma estados espirituales y que tienen carácter variable. Son interiorizaciones, por ejemplo, las atracciones y los estados anímicos; en cambio, la mediación no lo sería, ya que es una expresión al formar estados espirituales armónicos, portando un

carácter completo.
(Madrid 12-02-2013)

43

VITALISMO COLECTIVO

El vitalismo colectivo es una ampliación del concepto de cooperación a la colectividad y a la conducta de los seres vivos. Los patrones de conducta con los que se nace se modifican e incluso incrementan en la cooperación.

El comportamiento animal no puede ser explicado, sino conceptualizado, tomando en cuenta factores individuales y medio-ambientales. Para entender el comportamiento de los seres vivos, hay que analizarlo desde un enfoque cooperativo.

El vitalismo colectivo es una rama del vitalismo cooperativo que trata de responder a los porqué de la acción, aunando conceptos del vitalismo en tanto potencia del vitalismo cooperativo.

Todo interactúa, heredamos cualidades que se transforman en el ambiente. El comportamiento está sujeto a los efectos de la cooperación, de manera que los seres vivos están predispuestos a cooperar en sus ambientes naturales. Existen pautas que se heredan, por tanto, posibilitan que algunos seres vivos lleguen a crear formas más complejas de la conciencia colectiva y se apliquen al todo.

Prima el instinto o la intuición, conceptualizando las similitudes ydiferencias entre los individuos y el medio al que pertenecen; así como las diferencias o igualdades desde el plano cooperativo a lo largo de la historia.

El altruismo practicado a pequeña escala, se extiende hasta la colectividad.

El objeto del vitalismo colectivo es la conceptualización del comportamiento colectivo en todas las especies vivas, en términos de cooperación.

Los genes nos determinan en parte, pero el medio influye aún más en nuestra formación, siendo la agresividad o el egoísmo, por ejemplo, síntomas de un entorno decadente; serían el núcleo de nuestras experiencias en el ambiente en el que nos desenvolvemos y transformamos. La cooperación está impresa en nosotros, a diferencia de la selección natural de Darwin.

La evolución es un salto y no una trayectoria hasta lograr un estado final

más adaptado al medio.
(05-02-2013 Madrid)

Vitalismo cooperativo - El vitalismo cooperativo es la rama del vitalismo
que estudiará el altruismo y el egoísmo de los seres vivos; así como los
cambios acaecidos durante la historia. De aquí se deriva el vitalismo colectivo,
disciplina que tratará de conceptualizar las preguntas del porqué de la acción.
(06-02-2013 Madrid)

Carácter - El carácter es una propiedad psíquica, cuyo valor es intrínseco,
como lo es el entorno o las relaciones humanas. Es un fenómeno
exclusivamente espiritual, que no se puede relacionar con la percepción. No
hay en él ni espacio, ni movimiento alguno, pues no se puede abarcar. Los
principios del carácter son únicos en cada persona. Otra propiedad de la
espiritualidad es que parecen existir dos tipos: interiorización y expresión.
Esto implica que los agregados a la interiorización viven en el aislamiento
aceptado, mientras que los agregados a la expresión viven en el aislamiento
reprimido. Las personas con carácter se comunican, recordando las relaciones
humanas
(Madrid, 07-02-2013)

Forma perceptiva - Detrás de cualquier suceso existe una conciencia
colectiva. Desde el inicio de la psicología del alma, hemos intuido que la
forma es un diálogo y una percepción en un cuerpo; pero esto no deja de ser
más que una perspectiva, pues no existe la forma como un ser apartado de la
realidad. Existe la forma perceptiva que fluye en el cuerpo. La perspectiva de
la forma, produce una paradoja. pues cuanto más vital es algo, más desaparece
su forma. La vida en sí misma carece de forma, al igual que para un mediador
y su interacción. La percepción y la forma son lo mismo; así como lo es el
cuerpo para la vida.

Si todo estuviese vivo, intuiríamos la realidad al instante. La vida nos hace y
nosotros emitimos los mediadores que interactúan (imaginario), a través del
nucleo de las células (ADN).

Si la conciencia es espiritual, entonces es un mediador que cubre el diálogo
entre la vida consigo misma. La conciencia sería la forma perceptiva que usa
nuestro cerebro; pero cuando la espiritualidad se pierde, se transforma en
forma perceptiva corporal en su totalidad.

La vida es el recuerdo de la mente, pues carece de tiempo.

Todo y uno son lo mismo, debido a sus propiedades espirituales.

La vida genera conciencia en la mente y se mira a sí misma.

El vitalismo es el generador de conciencia de la vida, intuyendo su propia eternidad.

Teoria de la perspectiva - La mente humana es muy compleja. Desde la óptica de la vida, el conocimiento y el saber están limitados por la propia vida.

La perspectiva juega un papel predominante, mientras el dialogo garantiza ser lo que somos. La forma perceptiva forma un todo, nuestra realidad, en la que muy poca esencia es suficiente para generar vitalidad y conciencia. Nada mas simple que una forma, pero toda forma es de una gran complejidad... Dentro de la mente, el dialogo es la propia vida y la percepcion infinita, enorme.

La vida como mensajero de la mente - La realidad tiene sentido desde la óptica de la vida, pues se refleja en ella. Los hechos o sucesos son una parte infima. Si el saber de la vida es finito, nada puede ser instantaneo. Todo necesita de una forma para percibirse de algun modo. El saber de la vida es el mismo, sea quien sea el observador; pues el conocimiento depende del dialogo y sin él no hay saber alguno, salvo el saber de la vida que es absoluto.

En un mundo de perspectivas, la percepción es diferente para cada individuo. Cuanto mayor es el diálogo, menor forma se percibe, sin que nadie sea consciente de ello.

Es un problema formal o mas bien de perspectiva?

Si el conocimiento es la percepción de la forma, entonces el saber ha de amoldarse a la forma perceptiva y la perspectiva de cada cual. La forma y la percepcion se amoldan a la vida, que es a su vez muerte si careciera de espejo donde reflejarse; pues no es la vida lo que parece muerto, sino la forma y... la vida carece de forma.

Cuanto mas conocemos, mas ignorantes parecemos - La dialéctica integra dentro de si algo mayor que ella: la ignorancia. El conocimiento no afecta solo a la forma, sino tambien a la percepción. A mayor conocimiento, menor percepción.

La vida actúa sobre la percepción y la forma, siendo la perspectiva el efecto del conocimiento de cada individuo; es decir, es en el diálogo donde está la definición de la percepción y la forma.

Cierto que el diálogo necesita de más de un interlocutor, por lo que gracias a la perspectiva percibimos la mente.

La realidad es perspectiva y sus efectos no los percibe uno mismo, sino otro, porque toda forma depende del conocimiento mediante el diálogo.

La vitalidad es el diálogo de su esencia. El saber de la vida genera más esencia hasta resultar infinita; pero no al contrario, pues una esencia infinita no podria llegar a ser el saber de la vida, pues nada puede ser el saber de la vida, salvo la propia vida.

La esencia se transforma en vitalidad...

Qué es la mente? - La forma es un parámetro del alma; por lo tanto, antes del alma no había forma alguna.

El alma interactúa con el deseo, la atracción comunicativa, la interacción esencial a priori y la interacción esencial a posteriori, abarcando a la conciencia, la vitalidad, la percepcion y la forma. Es como si la mente hubiera sido creada antes que el cuerpo y el alma...

Qué es la esencia con respecto a la mente? - Es una abstracción cualitativa que se puede plasmar en una teoría de la psicología cuando dichas cualidades pueden intuirse; pero cuando la percepción es tan compleja como la perspectiva esto es inviable.

Qué es la vitalidad absoluta? - Es la infinitud de la mente, un diálogo cada vez mayor que hace de la percepción algo ilimitado. Sería un efecto contrario al deseo y cambiaría en apariencia su comportamiento, al igual que la forma comunicativa desde la inmensidad de la percepción; pues si cambia la atracción comunicativa, también lo hace el saber de la vida.

Los cambios en la percepción son un síntoma de un cambio en sus propiedades, por lo que habría que replantearse qué es la mente.

Ley del deseo - Es el comportamiento que mantiene todo en orden y armonía sin ser instantaneo, pues requiere de forma y conocimiento para ser percibido. El deseo no es un efecto, sino una estructura de la forma perceptiva, deformada por la esencia y la vitalidad. La esencia de la percepción explica como debe estructurarse y como debe dialogar la esencia. El deseo es el saber de la vida. El deseo también afecta a la forma, pues conocimiento y deseo son indistinguibles. Cuánto mayor es el deseo, menor es la forma y... la mente cambia de forma.

Pasión - Un exceso de esencia en algo percibido, puede cambiar el comportamiento de la forma y la percepción en su totalidad, pues el deseo impediría que escapara a dicha atracción (pasión). La forma deshace el diálogo, En la psicología del alma, todo es imprevisible.

Existe un principio vital que es la conciencia, unida a la mente y dotada de movimientos y sensibilidad, como los efectos de los fenómenos de la vida en el cuerpo humano. La relación de este
principio con la conciencia es clara, porque está impresa en todos los seres vivos.

La vida es irreductible a dimensiones puramente físicas o químicas (mecanicismo), pues una de sus partes es el alma, el cual solo puede ser intuido, conceptualizado, pero no abarcado en su totalidad.

Contra Stahlianos y Barthesianos - El alma tiene su origen y destino en la vida; pero no hay que confundirla con el principio vital que es la conciencia, cuyo origen es el alma, siendo su finalidad la continuidad y preservación, así como la intuición y conceptualización de la vida sin llegar a abarcarla por completo.

La vida no actúa sobre la materia y el álma para darle al organismo poderes o capacidades; sino que son estás las que interactúan entre sí y los generan, pues aunque son partes de ella, sus relaciones son diferentes al estar separadas de un todo que antes era común. La muerte no es lo opuesto a la vida, sino una transformación de lo vivo, pasando del principio vital de la conciencia al encuentro con el alma.
Dos casos posibles:
1°- La vida se dividió en dos por sobreabundancia. Quedando de un lado la materia y del otro el alma. Este resultado presupone una
nueva realidad con formas diferentes. La finalidad pudiera ser la
reunión de ambas partes como la posible división de estas dos en
muchas mas.
2°- La vida, cual parto, ha creado dos seres que contienen muchas
de sus cualidades, pero no todas; además están desunidos y aunque puedan unirse, estos no llegarán a ser lo que esta es, ni lo que era.

La conciencia es el principio vital que permite la continuidad y preservacion de lo vivo; así como la busqueda intuitiva del alma, su causa.

El alma junto a la materia son los primeros elementos del universo, formas de la vida. Las propiedades del alma son: eternidad, individualidad, sus leyes son inabordables, son interactivas con la materia, pero no entre ellas porque un solo alma contiene el conjunto de todas. Carece de materia y espacio. Son el conocimiento absoluto de la vida. Interactúa con la mente y el cuerpo, pero de forma accidental; en el cuerpo para satisfacer su voluntad de crear y en la mente como principio vital, en forma de conciencia, dotada de movimientos y sensibilidad que solo puede ser intuida, conceptualizada, pero no abarcado en su conjunto.

La vida es perfecta, pero no así lo vivo; pues la vida es creadora y no ordenadora y en lo vivo influyen infinidad de factores que hacen inviable cualquier intento armonizador. La perfección se nos presenta como utópica, la creatividad como reminiscencia y el orden como voluntad de estabilización.

Ni la matemática ni la moral pueden lograr comprender, abarcar, la complejidad de la vida a través de la ciencia o la conciencia; pero sí intuirla y conceptualizarla hasta grados cercanos a la verdad.

La vida no puede crearse ni destruirse, al igual que la energía; pero mientras esta cambia de una forma a otra, la vida es inmutable.

Cuerpos sanos - La ley de conservación de la conciencia, establece que al agregarse una cantidad de principio vital a un cuerpo, esta cantidad de conciencia será igual al incremento de vitalidad del mismo. Aunque el principio vital no se pierde,en tanto conciencia colectiva, se degrada conforme a la salud individual. Un individuo enfermo puede sanar con su vitalidad, pero manteniendo la conciencia en una forma menos aprovechable, pues esta está ocupada en mayor medida por la recuperación inmediata.

Existe la conciencia temporal? - La consciencia es una de las partes de la conciencia temporal. Los mediadores generan vida; así como los estados anímicos alma, pudiendo ser conceptualizados. Las expresiones equilibradas estarían también incluidas en dicha estructura. Dentro del método científico, la consciencia representa una parte esencial para la comprensión del mismo.

Para comprender la mente hay que remontarse a la misma creación del tiempo como generador del "caldo" vital. El sistema de la consciencia es el saber que describe la transformación del tiempo en vitalidad y de la vitalidad en tiempo. Dos conceptos unidos forman en sí mismo consciencia y representan la mejor forma de reconocer su existencia. El alma interactúa, pero raramente lo hace la consciencia.

Más allá de la verdad está la conciencia. La atracción comunicativa es dirigida por los mediadores para cualquier tipo de interacción. La interacción esencial a posteriori lo es por los enlazamientos y la interacción esencial a priori por las expresiones equilibradas; pero, dónde quedan los efectos del deseo? Superposición distorsionada y estructurada.

Neurosis y psicosis – La neurosis siempre ha estado ahí presente en nuestra historia, como una sombra que pasa desapercibida en la oscuridad; pero ahora, desde hace al menos un siglo, el amanecer ha dejado su huella al descubrirla y saber que existe.

La neurosis como tal no se "ve", no se visualiza; pero deja restos de su presencia al analizar el comportamiento humano tanto individual como social. Representa el final del deseo, del alma y de la vitalidad misma; aún así, también es el paso a nuevos procesos que van tomando forma. El funcionamiento de la mente y la formación de nuevas ideas se debe en gran parte a ella.

De dónde proviene tal estado? Del deseo. El principio básico del deseo es la absorción de lo cercano y su estado extremo es la neurosis, cuando se pierde el equilibrio interno natural, pudiendo cambiar incluso el comportamiento de quienes nos rodean, de seres cercanos, hasta trastornarlos. La fuerza del deseo es tan enorme en la neurosis que la vitalidad propia se pierde y atrae a quienes están más próximos.

Las convicciones están profundamente fijadas y nada parece poder cambiarlas a un estado natural y equilibrado; pero, de dónde surge esa fuerza del deseo tan devastadora? De la represión. Toda liberación de la mente también produce lo contrario; por eso las épocas de mayor avance científico han sido también las de mayor depresión anímica. Todo cambio, devenir, hacia otro estado trae consigo liberación y represión individual o social. La esencia de un ser vivo pierde equilibrio cuando es reprimida por la fuerza del deseo y sus convicciones más arraigadas, haciendo percibir la realidad de un modo bien alejado de el que es o aparenta ser.

El deseo nace de un desequilibrio interno. En el estado primario de la neurosis todo es turbio, embrollado, impreciso.

Su crecimiento es tan veloz que brota de ella la psicosis. La esencia se pierde, se reprime, incluso antes de llegar a ser conscientes de ello. Esa "liberación" a un estado nuevo es el imaginario social, que destruye cualquier idea o principio.   El imaginario social es el indicio del nacimiento de la neurosis, su preludio.

La historia y desarrollo del pensamiento humano es la historia del proceso evolutivo de la neurosis en el que la forma y el fondo han desaparecido, quedándose quietos, retenidos como una fotografía, una realidad que da la sensación de recuerdo, que lo mueve todo pero que la percibimos inmóvil.

No existe psicología que pueda alcanzar a definir la neurosis, por la singularidad de esta en forma y fondo.

La psicosis se forma cuando la enorme turbiedad de la neurosis consigue crear ideas que reafirman una vitalidad perdida.

Podría decirse que mientras la neurosis traga ideas confusas, la psicosis las escupe; pero esa creatividad propia de esta última no dura eternamente y acaba degenerando en una neurosis nuevamente.

Todas las "grandes ideas" han sido formuladas por "psicóticos" y buena parte de ellas se han adoptado por la sociedad a través de la neurosis; por eso nuestra sociedad vive sumida en un estado de enfermedad perpetua.

Sobre la espiritualidad atractivo-comunicativa y la espiritualidad universal - La espiritualidad atractivo-comunicativa es el método para conceptualizar el mundo. La espiritualidad universal es la aplicación de dicho método en el estudio del Vitalismo colectivo.

La sustancia es la espiritualidad transformada e interpretada por el intelecto.   La atracción-comunicativa es un movimiento y, como tal, su aprehensión es imposible, dando lugar a las contradicciones y la forma de superarlas, a través de un método atractivo-comunicativo, que sería como medir la densidad del calor mismo.

Rasgos fundamentales del método atractivo-comunicativo y su aplicación política - Todo en la naturaleza está interconectado, ligado, unido, relacionado entre sí. Esta vinculación como organismo vivo condiciona el todo con el todo; por eso, el conocimiento está limitado, pues siempre interpretamos la realidad de forma aislada. Todo está en constante movimiento y sujeto al cambio, la atracción-comunicativa conceptualiza la idea, mediante el conocimiento y estudio del nacimiento y muerte de las realidades. Lo oculto se manifiesta, pero no de modo gradual, sino espontaneo. Todo depende, pues, del fondo y la forma.

A nivel político, se manifiesta en la revolución de los oprimidos, como fenómeno natural, que se enfrenta a la desaparición mediante la transformación epigenética.

La lucha de clases como acción natural y no el reformismo, estaría justificada como instinto de supervivencia.

El capitalismo como extensión del evolucionismo darwinista, abre camino a un marxismo en el que la epigenética y el evolucionismo espontaneo dan validez a los oprimidos.

La espiritualidad universal - La conciencia colectiva es la condición necesaria de la sociedad, su desarrollo y su finalidad.

La transición del medio antinatural en el que nos desenvolvemos, hacia uno acorde a nuestra naturaleza, causada por el medio ambiente, el entorno, dentro del marco de la cooperación. Los cambios desarrollados provocan nuevos estados de la conciencia colectiva, que son asumidos por la sociedad, pues están causados por ella, reorganizando, a posteriori, las nuevas estructuras sociales y políticas. El universal humano es, ante todo, un universal cooperativo, siendo necesaria una ciencia que se ocupe del desarrollo en la historia de la cooperación humana, sus relaciones y modos en la economía social. Los efectos de la colaboración son los elementos del conocimiento más auténticos de la cooperación.

(03-09-2014)

Aclaraciones sobre la Consciencia - Nada existiría sin la consciencia. El alma está formada por verdades:

1° Una verdad es un cuerpo que dispone de una gran esencia en su centro, compuesta por verosimilitudes y conceptos, oscilando sobre ellos las apariencias. Primera cuestión: es la verdad una idea o la propia conciencia colectiva? Parto del hecho de que es la segunda.

2° Los conceptos y verosimilitudes están formados por la conciencia individual que la compone los estados anímicos con los seis tipos (euforia, alegria, etc...), al igual que los conceptos y verosimilitudes son formados por tres estados anímicos... La esencia del estado anímico es mucho mayor e importante que la esencia de la apariencia.

3° Las apariencias, en cambio, son la conciencia individual más elemental posible.

4° Por qué la esencia del estado anímico es más importante que la esencia de la apariencia? Toda la percepción está compuesta por un sistema que interactúa con la conciencia individual. No es forma perceptiva, sino un sistema. La apariencia interactúa apenas con ese sistema; por eso, su esencia es mucho menor. La esencia de la conciencia individual abarca a la mente en su totalidad.

5º Hay dos problemas fundamentales para percibir la consciencia; el primero es la enorme cantidad de vitalidad necesaria y el segundo es que la consciencia se transmuta, incluso antes de poder ser percibida. Solamente percibimos algunos restos de esa transmutación...

6º Una vez definida la consciencia, la psicología de la conciencia individual ha de encaminarse al estudio del alma absoluta (espíritu), la vitalidad absoluta y la estructura de la singularidad.

7º El sistema de la consciencia es, en ciertos aspectos, similar al de la estructura de la singularidad; pero la estructura de la singularidad es un medio de transmisión y la consciencia es la explicación de la esencia. La estructura de la singularidad no existe como sistema; en cambio, si existe el sistema de la consciencia.

Existe un sistema en el que la conciencia individual dispone de esencia por la interacción del sistema con ella y que, a su vez, también interactúa consigo misma, produciendo la consciencia.

La esencia la da la consciencia...

El conocimiento variable de la vida . El saber de la vida puede cambiar nuestra percepción de ella. La mente no siempre actúa como cabría esperarse. La mente es el conocimiento de la vida:

1 - La percepción como sistema de referencia absoluto (mecanicismo).

2 - El saber de la vida siempre es el mismo, ocupando la percepción el terreno de lo variable. Teoría de la perspectiva. El deseo abarca toda la mente.   La esencia le dice a la percepcion como comportarse y la percepción le dice a la esencia como dialogar, de manera que una esencia en diálogo con la percepción sigue el comportamiento inducido por la esencia.

La esencia no crea el deseo, ni es la única en dictaminar el comportamiento en el ámbito de la percepción.

Toda vitalidad actúa sobre el deseo, habiendo muchos tipos de vitalidad, actuando de modo diferente en la percepción.

El alma y la vitalidad descomponen la percepción, pues para evitar que ocurriera seria necesario un principio mental, que equilibrara la mente.

Un simple cambio en el grado de conocimiento sería razón suficiente para hacer desaparecer la mente, lo cual resultaría un grave problema...

3 - La mente ha crecido, alargado la vida. Lo percibimos en la interiorización, mejorando la salud y la percepción (imaginario de la mente). El saber de la vida no es siempre el mismo, es como un pequeño ente interiorizado en nosotros. El hecho de que las civilizaciones o las culturas sean diferentes, es un sintoma de que la mente cambia, pues es infinita a diferencia de la vida, por eso no podemos ver mas allá de ella.

La mente en un principio era inconexa, una agrupación, réplica de sí misma. Para ello debió existir un alma que luego desapareció...

Es esto posible? Si el conocimiento de la vida es amplio, podria abarcar a la mente en su inicio, lo cual presupondría que el conocimiento de la vida sería la mente misma.

La vitalidad es imposible si el saber de la vida cambia, pues hasta ahora era una constante, eterna.

El conocimiento de la vitalidad que la mente necesita debe establecerse desde un principio. Si cambiamos el saber de la vida en un momento dado, la mente sería diferente según las épocas y, tampoco existiría la vitalidad, pero ese es precisamente el camino para resolver el problema: al deshacernos del principio vital y llevando a la mente al conocimiento de sí, es decir: crear vitalidad sin conocimiento y viceversa..

La mente en su origen, disponía de un escaso saber de la vida.

La mente era creadora de la naturaleza, que a su vez creaba y destruía vitalidad, de forma que el conocimiento era constante.

La mente estaba equilibrada. El principio mental podría ser el nexo de la vida con el origen de la mente...

La percepción es el conocimiento y estudio del comportamiento y con el principio mental se lograría dar a la percepción una vitalidad propia, incluso antes de existir el alma en la percepción.

Estructura de la singularidad . Cuando aparece una singularidad, hay un conocimiento de la vitalidad que no es otro mas que el principio mental, abacador del todo. Es como si la percepción fuera vitalidad en su conjunto. La vitalidad del principio mental depende del saber de la vida, pues crecen y decrecen en proporción.

El principio mental hace cambiar el saber de la vida, perdiéndose el equilibrio. Un cambio en la singularidad es suficiente para cambiarlo todo, pero a su vez retiene la cantidad de vitalidad en la singularidad, obligando a la vitalidad a convertirse en alma o en imaginario. Hay una singularidad dentro de la singularidad y esto es el principio mental. Hay vitalidad en la singularidad y esto produce cambios en el saber de la vida, al igual que se producen cambios en la vitalidad del principio mental, el cual va al alma de la mente, creando todo lo existente en el universo:

1' Al principio fue la singularidad y en ella la vida.

2' La vida cambió

3' La singularidad creó el mundo.

4' Secuencia eterna de singularidades. Todo nace y muere en ella.

Vibración, una posible vía - Por qué la contradicción parece una norma en la mente humana? La conciencia vibra. Existen muchas mentes en otro nivel y muchas interpretaciones; la mayoría siquiera perceptibles. Una teoría diferente de la realidad se nos presenta y eso ya es en sí mismo un problema para el cerrado mundo de nuestros tiempos. La vibración convierte a la mente en algo aún más complejo de lo que suponíamos. Realidad y ficción cohabitan en la mente. Todo en la mente es vitalidad y esta vibra...

Una nueva psicología capacitada para descubrir el enigma.

El saber de la vida parece tener límites; pero no siempre es así...

No solamente hay que conocer las cosas; sino también saber el cómo funcionan y el para qué están ahí. Hasta qué punto poner límites a la mente incapacita de por sí las propias leyes del deseo? El comportamiento exterior afecta al propio y común, pero no es instataneo; sino que requiere de un tiempo para asimilarse, en muchas ocasiones, de modo inconsciente. El deseo es diálogo y comportamiento... El deseo como perspectiva. Deseo y atracción comunicativa confluyen.

La verdad está relacionada con la atracción comunicativa y esta última a su vez pone límites al deseo de la primera.

Una nueva concepción de la mente; la verdad no es la conciencia individual como hasta entonces se ha creido, puesto que los conceptos, las verosimilitudes y las apariencias son aún más profundos.

Qué le ocurre a la esencia cuando la verdad queda dividida?

Deseo o atracción comunicativa no demostrarían nada.

La verdad queda oculta... La psicología del alma, la espiritual, hace caer en pedazos la compresión de la mente hasta el momento.

El orden no existe, nada es predecible. La verdad y la conciencia en la mente son azarosas, una cuestión solamente probabilística, percibiendo la realidad de un modo absurdo, como es; pues en el terreno del alma y lo espiritual, todo es absurdo e incomprensible, siendo así que todo se puede dar y suceder, incluso lo aparentemente imposible.

Analizando la estructura de la verdad, hay que incluir dos efectos, la interacción esencial a posteriori, que mantiene unida a la esencia de la verdad por medio de conceptos y verosimilitudes; y la interacción esencial a priori, donde las verosimilitudes se transforman en conceptos mediante el imaginario. Deseo y perspectiva parecen perderse y carecer de sentido.

Tenemos entonces una psicología que investiga la perspectiva y por otro lado, una psicología que se dedica al estudio del alma y el espíritu. Dos concepciones de la realidad, que no se cruzan y viven vidas paralelas.

Dónde queda la pasión? Un exceso enorme de esencia valdría para descomponer la percecpión y la forma de la realidad. Ni siquiera la vida podría mantenerse. La teoría de la perspectiva o la teoría del alma tendrían validez, pero en la práctica esto no es así...

La teoría de la vibración no valora la conciencia, sino que todo en la mente es vitalidad que vibra y eso no parece ser perceptible...

Percepción y forma están en otro nivel en la psicología del alma comparándolo con las leyes de la perspectiva. Necesidad de una teoría que unifique esta disonancia.

El deseo es explicado por la perspectiva y los otros tres efectos, interacciones esenciales y atracción comunicativa son explicados por medio de la psicología del alma.

Se pueden explicar los efectos mediante la conciencia?

En la comunicación, la conciencia es un mediador que interactúa entre varias conciencias, siendo mayor la atracción comunicativa cuanto más diálogo hay. La interiorización llevada a un alto grado, produce la sensación de imperceptibilidad de la atracción comunicativa y la interacción esencial a priori, puesto que se unen en una atracción a priori. Esta atracción a priori se uniría también con la interacción esencial a posteriori, generando un efecto colosal, un super efecto.

Es posible una conciencia sin esencia?

El amor es el generador del deseo en la psicología del alma.

Tras los estados anímicos está la vitalidad que vibra. La vibración hace de la conciencia algo único en esencia. La diferencia entre conciencia y deseo radica en la vibración. La mente es una inmensa vibración constante, equilibrando los contrastes y el aparente absurdo que se produce entre ambas teorías, la del alma y la de la perspectiva. Es imposible el experimento para demostrarlo, es solo intuitivo; así como su refutación.

La mente tiene unas características fundamentales y se cumplen en todo momento: la esencia de las apariencias, los efectos del deseo, la atracción comunicativa, las interacciones esenciales a priori y posteriori. Todo esto es la mente en un equilibrio perfecto. Cualquier variación, por mínima que fuese, representaría la desaparición de la misma.
(Madrid 01.01.2015)

NEBULOSAS
(parte 3)

SOBRE PSICOLOGÍA DEL AZAR

El cerebro como un conjunto de máquinas procesadoras de información que mediante procesos azarosos y no selectivos, ni divinos, intenta resolver los conflictos a la adaptación al medio y la compresión (dominación) de éste. Nuestras actitudes naturales son causadas por un proceso azaroso y no selectivo. Tanto nuestros instintos o conceptos como la cultura o el racionalismo no nacen de ningún principio divino, ni ordenado; sino que estos procesos se "ordenan" a posteriori interpretándolos y dándoles un sentido lógico para abarcar, conocer y sobre todo dominar el espacio que nos rodea.

Los estereotipos culturales no nos son dados, sino que es la propia sociedad la que los crea. De estos estereotipos se sirven algunos individuos para ordenarlos y así aparentar ser sus creadores, La resultante de tal ordenación es el beneficio material o moral que de la sociedad pueden sacar provecho, al verse ella identificada en dicha proyección (reflejo).

La tradición a lo largo de la historia ha ido desde principios metafísicos a principios científicos, pero estos han sido errores lógicos al haberse interpretado los efectos causados como causas en sí mismas.

Una obra representa un efecto compuesto por un artista, una parte ínfima de su ser, pero no el todo, ni tampoco su ser en sí; pues los efectos no son el todo.

La obra es interpretable, pero no así su creador, porque este es inaprensible e incomprensible. La vanidad y orgullo humano se esfuerzan en no aceptar dicha limitación para el conocimiento de la cosa en sí, de la causa primera y crea conceptos que giran sobre este azar, pero que no llegan a ser la cosa en sí (racionalismo utópico). Podemos intuirlo, imaginarlo, pero nunca abarcarlo, porque carece de principios lógicos. La lógica es nuestro "pecado original" y estamos condenados a no conocer en su totalidad el universo por medio de ella.

El aprendizaje (imitación) nos hace crear una cultura e identificarnos con ella a través de la experiencia. La violencia y la competitividad no son innatas al hombre, por más que lo defiendan los apóstoles de la secta darwinista. Si algo impregna al ser humano es la cooperación. El trasfondo del altruismo es el egoísmo, pues en el intercambio hay siempre un beneficiario. Dicha moral considera los actos egoístas como fisiológicamente saludables. En toda época, la gratitud, el amor, la lealtad, los sentimientos humanos, han sido causados por el egoísmo, la claudicación ante él o una cierta armonía entre iguales.

No tenemos un lado negativo, sino un lado inaprensible que lo interpretamos como negativo,

Los cambios naturales son causados por actos azarosos, irreconocibles.

La adaptación al medio en el que vivimos solamente prueba que existe un movimiento, algo que actúa, pero no una selección. Dicha interacción se produce genéticamente como reconocimiento del entorno en un principio, para actuar sobre él después.

Con el proyecto genoma humano y la catalogación de unos 30.000 genes, se interpretó que dicho número era insuficiente para la especie y que debería haber algo más allá. ¿Sería el alma la respuesta o una nueva incursión cristiano-moral en la ciencia, para apelar a toda costa a sus imaginarios principios de la naturaleza y minimizar con ello las cualidades del cerebro y que pudieran existir diferencias sustanciales entre unos genes y otros, lo cual implicaría que el número careciera de importancia y en cambio sí los procesos fisiológicos en los tejidos cerebrales? ¿Acaso ya conocen la expresión de los genes? Lo dudo.

Nosotros mismos somos el todo, pero lo desconocemos y así ha sido siempre. No hemos evolucionado, simplemente nos hemos transformado a lo largo del tiempo en relación con el medio y el reconocimiento en este.

La tecnología actual es un medio desnaturalizado del que se sirve la ciencia para comprender (apoderarse) de la naturaleza y en nada muestra un progreso si la comparamos con los hombres primitivos que se desenvolvían con lanzas para dominar el espacio. La mente se rige por los mismos parámetros tanto en la actualidad como en la prehistoria humana; simplemente hemos cambiado el decorado, siendo el nuestro mucho más detestable que el de nuestros ancestros que carecían de moralinas y por tanto eran más libres. La complejidad humana no es medible, ni pesable, pero no por ese motivo hay que inventar causas imaginarias con el único objeto no de la búsqueda de la verdad, sino de la justificación de viejos dogmas de fe surgidos del robo y la apropiación de lo ajeno.

La genética es un campo virgen, inocente, que puede caer en la tela de

araña cristiano-moral y ser devorada sin compasión alguna.
(20-12-2010 Madrid)

MANDAMIENTOS Y FE

Los sacerdotes creerían en una sociedad en la que fueran aceptados como los únicos representantes de la fe y los mandamientos representaran la materia de sus propias experiencias. Hay un arte para obrar así y los creyentes también disponen de uno similar para considerar conveniente dicha idea, que en el fondo se escapa de toda modestia. Los sacerdotes, desde el oficio que ocupan y considerándoles aptos para desempeñarlo, son los menos indicados para valorar toda fe por ser juez y parte. La fe cristiana y sacerdotal ha generado en los creyentes el prejuicio de considerar a la sociedad capacitada para comprender el cristianismo, siendo cualquiera versado para el oficio de teólogo. Una hábil maniobra la de creer conocer el objeto desconocido y lejano a nuestro saber, desde un radicalismo fundamentado en objetos imaginarios. ¿Para qué la ciencia si es más cómodo opinar, valorar, juzgar desde la mas profunda ignorancia? El cristianismo analizado desde una perspectiva fisiológica es una religión inmoral y despreciable. Hasta el momento, los prejuicios y la intolerancia religiosa, afín a los sacerdotes, tienen en los mandamientos y la fe, su única realidad. Es lógico que la sociedad tenga fe cristiana, puesto que ésta no se maneja en asuntos científicos; al igual que dicha sociedad, en su conjunto pobre, se siente identificada con la salvación del alma, el amor al prójimo o la igualdad de todos ante Dios.

Un mandamiento lleva implícito algo mas que fe; es además el sentimiento de que esta fe lleva una obligatoriedad en acatarla (sumisión), sin poder plantearse dudas sobre cuestión alguna. Es lo incomprensible de toda creencia; pues está fundamentada sin reflexión. Amor al prójimo, para hacerse intolerante en la cotidianidad…

Puede apreciarse que los mandamientos cristianos son solamente un dogma de fe con un alto grado de unidad en los que lo profesan.
(21-12-2010 Madrid)

EL NIÑO DE LACAN

Oteando sobre temas psicoanalíticos me he encontrado un breve escrito que me ha dejado estupefacto por la insensatez y estupidez que encierra. La primera frase he tardado en digerirla porque era como un hueso putrefacto; decía: "Entre el amor narcisista por su pene y el amor incestuoso por su madre, el niño elige su pene". Verdaderamente sobrenatural ha de ser semejante niño; supongo que no sería un recuerdo de la infancia del autor, para suerte de él.

Vayamos a dicha frase. El autor interpreta unas cualidades extraordinarias en el niño, desde luego: es narcisista, difícil de comprender de por sí, pues un niño es ante todo egoísta y su mundo gira en llamar la atención del entorno, no de potenciar su carácter y menos aún a causa de un miembro más de su cuerpo.

Qué tiene de peculiar el pene, para que un niño le preste tanta atención? Quizás que crece en dirección opuesta a otros miembros y eso pueda serle en cierto aspecto llamativo; poco mas. Un niño se preocupa u obsesiona más por su altura que por su pene, por ejemplo; llega a obsesionarse midiéndose a todas horas a solas, comparándose entre compañeros de su edad en la escuela, tanto en aspectos físicos (fuerza), como en psíquicos (aptitudes intelectuales); pero el niño de Lacan parece resultar que estudia en un aula privada o en una casa encerrado en la habitación.

Un niño comienza a reconocer su cuerpo con el crecimiento del mismo; así como en la aparición del vello. El niño se compara con otros niños y eso lo hace con las partes visibles en la cotidianiedad; quizás el niño de Lacan nació en la selva, pero llegado el caso, tendría también allí un espejo para potenciar su "narcisismo"?

Dicho niño de Lacan "reconoce" muy bien el amor, pero en su forma más negativa posible (narcisista e incestuoso), y hace intuir un desiquilibrio en el autor más que en el niño imaginario. El incesto es una "fantasía apoteosica" que me recuerda a los fuegos de artificio de algunas obras románticas del compositor Berliotz y su célebre sinfonía fantástica; pues acaso un niño puede siquiera imaginar el incesto si en tan temprana edad desconoce el sexo? Qué manera de confundirlo todo o quizás, qué triste infancia debió sufrir semejante "iluminado" de la psicología y como poeta, plasmar su drama en una obra. Digo drama y no comedia, porque su obra es considerada y eso se valora en nuestros tiempos, aunque la mentira valga más que el oro y se comercie con ella.

Por último, se percibe que dicho niño tiene nociones de dualidad y ya "conoce" el intercambio y el comercio, pues "debe" elegir entre una opción o la otra... Oh, no; y por qué no quedarse con las dos entonces, como haría cualquier niño sano desde su óptica egoista? o desechar a las dos y autosacrificarse, por considerarse ya a su edad semejante monstruo? No, el niño de Lacan elige y escoge una, la que da motivo a toda una inmensa teoría y monumento a la estupidez. El proceso continúa y Lacan crea cuatro tiempos (fases) en el niño:

1- "El niño idealiza que todo el mundo posee un pene. No hay diferencias entre órganos sexuales (Femenino o Masculino)". Volviendo a lo de antes, dificilmente el niño va a "idealizar" y menos aún algo que no sabe qué función tiene. Lo que hace un niño, al menos uno que no sea el monstruo de Lacan, es vivir, imitar, ir comprendiendo su entorno; aunque de manera simple y erronea, debido a la inocencia y falta de madurez intrinsecos, ademas del egoismo al que antes hacía referencia.

Para el niño no existen diferentes órganos sexuales, al igual que tampoco existen diferentes ideologías en el mundo político, porque vive en la inocencia, porque es... un niño, al que el "maestro" Lacan parece haber olvidado, lanzandole al abismo de la complejidad humana a tan temprana edad.

.2- "Prácticas auto-eróticas del niño. Alerta al niño a la pérdida de su miembro si persiste el tocamiento, dando origen al Super-Yo".

En este punto es de suponer que Lacan hable de sí mismo, porque no creo que sea norma universal alertar a los niños de semejantes prácticas, salvo que queden justificadas en eso a lo que llama "super-yo", que debe ser la culminación o intuición de la personalidad, el apoteosis con redobles de tambores en la escena final de una sinfonía menor.

Querrá Lacan sutilmente referirse a la consciencia?; pero cómo referirse a ella desde la inconsciencia de su teoría? No existe una teoría del inconsciente, lo que existe es una inconsciencia aplicada a la teoría, en la cual parece ser uno de sus mayores exponentes. Ese "super-yo" tiene más matices divinos que narcisistas, es el niño convertido en un Dios. En el Dios de la inconsciencia que ama de forma narcisista y anhela el incesto y todo ello por un miembro. Cuánta añoranza a la niñez! Cuánta añoranza a la virilidad! Parece que esté interpretando a todo un pedrastra en potencia, envuelto por un halo de melancolía!

3- Descubrimiento visual de la zona genital femenina. El niño descubre la falta de pene en la niña. "Es chiquito, pero va a crecer"
El niño de Lacan quizás tenga hermanas y se duche o cambie de ropa con ellas, porque en otros ejemplos, cómo podría darse semejante observación? Quizás sea poco tímido, ya que ha deseado el incesto con su madre y ahora se lance a la contemplación y comparación de los órganos genitales de todo su entorno...

¡Qué horror! Un niño así debe padecer un trauma de por vida, aunque Lacan lo haya elevado a los altares. Además el niño dispone de otra cualidad extraordinaria: adivina el futuro como "super-yo" endiosado y ya sabe que "va a crecer". Semejante ser debe vivir en una obsesión profunda que le hace fantasear con órganos masculinos y femeninos a todas horas. El niño de Lacan dispondrá de poco tiempo para los estudios y los juegos comunes.

Es la inocencia pervertida, lo más alejado de la vitalidad posible. Una especie de "viejo verde niño"; eso se desprende del "super-yo" de Lacan.

4- "Cuando el niño descubre que las mujeres dan a luz, deduce que su mamá carece de pene. Aquí surge la angustia de castración. Condiciones: Visión de la ausencia del pene en la mujer; evocación auditiva de amenazas verbales parentales (esta amenaza es inconsciente). Final del complejo de Edipo; donde el niño elige salvar su pene a costa de renunciar a su mamá y el reconocimiento paterno." El niño no deduce que la madre carezca de pene cuando sabe que como mujer da a luz; sino que deduce que él vino de ella y no de las gaviotas!

¡Qué obsesión con el pene; es para pensar en trastornos sin remedio al alcance! Para mayor espanto "surge la angustia de castración", ¿castración de qué, del pene? El señor Lacan da por supuesto que el niño también conoce la castración, sus efectos y traumas; lo convierte en "psicologo", lo lleva a su terreno y lo vapulea contagiandole sus males. La fiigura del padre puede servirnos para representarnos una imagen de la infancia del autor, posiblemente; porque no todos los niños han tenido la desgracia de sufrir amenazas verbales como el niño de Lacan.

Cuando se refiere a "esta amenaza es inconsciente"... ¿no será más bien "imaginaria"? Porque el inconsciente de un niño está poco desarrollado en comparación a la pubertad... ¿o es más bien una "fantasía" que pueda conllevar futuros trastornos mentales?.

Lacan finalmente, en un alarde de auto engaño y perversidad, hace confluir al niño amenazado por su padre (autoridad) con el reconocimiento de éste (sumisión); es decir, elije lo único que le daña, si tomamos por buenas las "amenazas verbales", y lo "domestica". De repente, Dios se hizo niño y se sometió a la autoridad. Todo un alarde de pirotecnia para ilusos.
(12-02-2013 Madrid)

1 Fanático - Si idolatras a alguien, preocúpate en encontrarle algún defecto, pues seguro lo tiene. De no descubrirlo, ten por descontado que eres un fanático.

2 Fines políticos - Los políticos se esmeran en dividir a la sociedad; no sea que un día juntos, acabe con ellos.

3 Objetivos comunes - La izquierda española confunde Nación con Estado, queriendo acabar con lo primero, cuando lo nocivo es lo segundo.

4 Arte decadente - La política es el arte de crear problemas allí donde no debiera haberlos.

5 Cobardía política - Los pactos políticos son inmorales; una cobardía que atenta contra la democracia y favorece a la clase oligarca.

6 Grandezas y bajezas - Lincoln fue justo con los vencidos tras la guerra, a diferencia de Franco, que extendió su odio contra los vencidos de la guerra civil española, hasta su muerte.

7 Paradoja constitucional - La Constitución española prohíbe el mandato imperativo hacia los diputados; pero, ¿qué es la emisión del voto de un elector, entonces; y el sistema de listas de los partidos?

8 Retroalimentación - Si no existiese separatismo, la chusma política duraría dos días. Se alimenta de odio y crispación social.

9 izquierda irracional - Defender el separatismo y ser de izquierdas es una paradoja que solo la ignorancia puede justificar.

10 Redundancias - Comúnmente, los políticos apelan al Estado de derecho en sus discursos, lo cual implica que puede haber un Estado sin derecho, cosa harto improbable. Cierto es, que esa expresión nació

en el siglo XIX para diferenciarlo del Estado policial; pero este último también es Estado de derecho al contener leyes.

11 Monarcas y oligarcas - El Estado nace como una empresa al servicio de las clases pudientes, para no pagar impuestos y agilizar el cobro de los mismos a las clases medias y bajas.

12 De la mano - La Socialdemocracia es exaltación del Estado; ¿será por ello que ambos degeneren al unísono?

13 Cobardía moderna - La valentía ha dejado de tener valor con los avances tecnológicos en el terreno militar.

14 Propio enemigo - El Estado es el enemigo de si mismo, desde la desaparición de los bárbaros (los hunos); es decir, desde su mismo nacimiento.

15 Barbarismo solidario - Los movimientos migratorios son mano de obra barata para los Estados ricos. La barbarie imperial sigue su curso, aunque se haya maquillado de solidaria.

16 Dispersión - El nacimiento de la Constitución y el Estado de las autonomías, ha menguado la autonomía del Estado. estableciendo como defectuosa la constitución.

17 Separatismo - Lo que tan fácilmente crece, tiende a decrecer con mayor facilidad si cabe.

18 Adaptación al medio - Monarquía e iglesia se perpetúan durante siglos, gracias a una extraordinaria capacidad para adaptarse a la opinión pública, aunque contravenga sus principios.

19 Vasallos y traidores - La clase política está desprestigiada porque vive subordinada a poderes que no emanan directamente del pueblo.

20 Estado de derecho - Lo que destruya un político, que lo arregle un juez.

21 Procrastinación - Dejarlo todo para última hora es propio de perezosos y de gobernantes pusilánimes.

22 Los liquidadores - La socialdemocracia moderna representa a fascistas disfrazados de progres. Un simple artilugio lingüístico y de lucha social aparente con la finalidad de obnubilar a las masas.

23 Estado contra Nación - Los partidos independentistas, así como los más radicales, se guardan mucho de enfrentarse al Estado; pero lo hacen con sumo gusto contra la Nación.

24 Ignorancia - La izquierda española, si cabe más aún la más extrema, se desvive por el "derecho a decidir" (autodeterminación, realmente) de algunas comunidades autónomas, cuando ya el propio Marx aclaró que naciones como España, Francia, Reino Unido o Portugal, estaban fuera de ese derecho al conquistar su unidad constituyente antes de la revolución francesa.

25 Poder y potencia - El poder es al Estado lo que la potencia a la Nación.

26 Forma y fondo - La dictadura (poder de uno) y la oligarquía (poder de varios), siendo diferentes en su forma son idénticos en el fondo.

27 Apariencias - Algunos Estados democráticos están lejos de alcanzar las libertades de otros autoritarios.

28 Dudas razonables - La separación de poderes es necesaria para que haya una constitución consensuada. Desde este prisma, resulta comprensible dudar de que exista libertad alguna en el mundo.

29 Libertad colectiva - El período constituyente se fundamenta en la libertad colectiva en formación, hasta alcanzar el factor constituyente para crear una constitución.

30 Sacrilegios - La constitución española es el catecismo de los oligarcas. Hasta han creado un día dedicado a ella; cosa que no ocurre en país alguno del mundo.

31 Incumplimientos - Si las constituciones se aplicarán al pie de la letra, los parlamentos estarían disueltos.

32 La Nación y el rey - España no conquistó, ni descubrió América; sino que fue una posesión de los reyes; pues, como Nación, aún no existía.

33 Sangrientas fiestas - Cataluña celebra la Diada, un acto que conmemora una derrota. Francia celebra la toma de la Bastilla, un acto horrendo. España celebra el día de la Hispanidad, un acto genocida. El

ser humano parece no disponer de fechas en el calendario que no representen horrores, guerras y sangre inocente.

34 Civilización y democracia - Difícilmente podemos soñar con un sistema democrático, cuando vagamente estamos civilizados.

35 Empobrecer al pobre - El éxito de los economistas consiste en endeudar a las futuras generaciones de por vida. Lo malo de esto es que se lo permita un pueblo que se excede en ingenuidad e ignorancia.

36 Paradojas económicas - Un sistema financiero fundamentado en la deuda, es como un ejército que solo disponga de boomerangs como arma.

37 Derechos y deberes del revés - ¿Solo tienen derechos aquellos quienes incumplen la legalidad y deberes quienes la cumplen?

38 Esencia ideológica y prejuicios morales - El prejuicio cristiano-moral del conservador de derechas, le lleva a no declararse como tal; pues existe una contradicción harto notoria entre la moralidad religiosa y la ley de la selva capitalista neoliberal. En cambio, el progre de izquierdas, socialdemócrata o comunista, carece de ese prejuicio y expresa su ideología sin pudor. Pudiera resultar sectario afirmar que "cuando alguien dice que no es de derechas, ni de izquierdas, ya sabemos que es de derechas", como dijo el filósofo francés Alain; pero analizando la frase en profundidad, se descubre tras ella una carga moral muy adecuada para comprender la esencia tanto de unos como de los otros.

39 Nación y poderes - Ni los gobiernos, ni la justicia, sostenes del Estado, están a la altura de lo que representa una Nación. El rugir del pueblo ante la injusticia y el desgobierno de frívolos seres que ostentan momentáneamente el poder, sirve en la práctica para que vuelvan a realizar sus funciones conforme a lo establecido o para el inicio de un proceso revolucionario que derribe tal osadía y desvergüenza. La alarma social obra milagros, allí donde la cobardía política se empeña en no actuar.

40 De héroes a vulgares mercaderes - El independentismo de antaño, llevaba a sus líderes a obrar de un modo romántico y suicida. Era una idea que merecía el derramamiento de sangre y la muerte si

fuera menester. El indepe-burguesismo posmoderno del siglo XXI está lejos de esos actos de heroicidad, atendiendo más bien a cuestiones oscuras, intereses económicos, empujando a las masas a llevar a cabo lo que ellos no están dispuestos a hacer.

41 Derecho y libertad - El derecho se reclama como valor absoluto de la facultad individual, por medio de la manifestación. La libertad se exige como valor absoluto del colectivo, mediante la revolución.

42 Paisajes - Un alma joven busca incesantemente nuevos paisajes. Un alma vieja, de forma melancólica, revive aquellos que recuerda de su infancia.

43 Impagable - No hay dinero suficiente en el mundo para comprar la creatividad de un artista auténtico.

44 Visiones sintéticas - La fisionomía delata más a los políticos que sus ideales.

45 Al vuelo - Los pensamientos, ni se conquistan, ni se heredan; sino que vienen solos.

46 Imperio de la ley - Un gobierno que fundamente toda su política en el uso de la ley, está predestinado al fracaso, si la legitimidad no acompaña sus actos.

47 Derecho y libertad (II) - Tus derechos comienzan donde acaban los míos. Tú libertad comienza a la par con la mía.

48 Mala educación - El adoctrinamiento produce servidumbre voluntaria, escogiendo todo aquello que le perjudica.

49 Existencia y definición - El renacimiento no descubrió la idea de Nación, pues ésta ya existía en la antigua Sumeria; aunque sus habitantes lo desconocieran.

50 Igualdades - No hay dos cosas iguales, ni dos seres iguales. La igualdad entre géneros puede concebirse como jurídica, pero nunca como material.

Enrique Sousa (Madrid, 19-11-2017)